Presentado a:

....

Por:

....

Fecha:

....

DEVOCIONALES

sobre la

Fe

DEVOCIONALES

sobre la Fe

Un recorrido por Hebreos 11

Primera edición: febrero 2026

Publicado por ORIGEN®, marca registrada de
Penguin Random House Grupo Editorial USA, LLC
8950 SW 74th Court, Suite 2010
Miami, FL 33156

Contenido contribución de: Yuri Flores y Keila Ochoa Harris

Impreso en Colombia / *Printed in Colombia*

Información de catalogación de publicaciones disponible
en la Biblioteca del Congreso de los Estados Unidos

ISBN: 979-8-89098-542-2

INTRODUCCIÓN

La Biblia Reina-Valera se erige como una de las versiones más empleadas por los protestantes de habla hispana. Su actual forma es el resultado de un exhaustivo proceso de revisiones llevado a cabo por las Sociedades Bíblicas Unidas sobre la Biblia del Oso de 1569, obra de Casiodoro de Reina, una de las primeras traducciones al español. Casiodoro de Reina, un monje español que abrazó el protestantismo, fundamentó su traducción en el Texto Masorético para el Antiguo Testamento y en el *Textus Receptus* para el Nuevo Testamento. Posteriormente, tras la primera revisión realizada por Cipriano de Valera en 1602, esta obra pasó a ser conocida como la Biblia Reina-Valera.

La Reina-Valera experimentó una notable difusión durante la Reforma protestante del siglo XVI, consolidándose como la única versión de la Biblia utilizada en la iglesia protestante de lengua castellana durante más de cuatro siglos. Hoy en día, con varias revisiones a través de los años (1862, 1909, 1960, 1995, 2009, 2011, 2015), sigue siendo una de las traducciones más usadas.

Este devocional sobre la fe va dirigido a mujeres y ha sido escrito por dos mujeres: Margie Hord y Keila Ochoa Harris. Ambas honran la tradición de la Biblia Reina-Valera basándose en los versículos de la Epístola a los Hebreos que aman y siguen.

La oración de los editores es que, mientras medites en estos pasajes tan amados de las Escrituras y las verdades que contienen, el Dios de esperanza te llene de todo gozo y paz en la fe (Romanos 15:13).

1

Definiciones y descripciones

Es, pues, la fe la certeza de lo que se espera,
la convicción de lo que no se ve.
Hebreos 11:1

El día que escribí este texto entró la palabra «espóiler» al Diccionario de la Real Academia Española. Aunque se calcula que un diccionario común tiene alrededor de 93 000 palabras, con frecuencia se añaden más. Los diccionarios, por lo tanto, son útiles para explicarnos qué significa un término, pero no aseguran su comprensión.

Por ejemplo, una de las palabras más cruciales en la Biblia es «fe», que los diccionarios definen como un *conjunto de creencias o promesas*. Dios, el Creador del lenguaje, no nos dejó solamente definiciones, sino ejemplos que nos ayudan a ver aquello a lo que se refiere.

Por lo tanto, el autor de Hebreos describe la fe como *la garantía de lo que esperamos o la evidencia de lo que no vemos.* Luego nos pinta cuadro tras cuadro de cómo se ve en la vida de gente común. Asomémonos con una lupa para descubrir no cómo una palabra se precisa, sino cómo se presenta.

Señor, gracias por las palabras que me ilustran lo que deseas para mi vida.

No definas la fe. ¡Vívela!

2

¿SERPIENTES O AFLICCIONES?

No perdáis, pues, vuestra confianza,
que tiene grande galardón.
HEBREOS 10:35

Se cuenta que en Roma, después de visitar a un filósofo y comer con él, un hombre tuvo fuertes dolores de estómago. Durante esa comida, había visto una serpiente en su plato al beber el caldo. Al día siguiente, todavía con mucho dolor, quiso preguntarle al filósofo qué había puesto en el guiso que le dio. Cuando el filósofo le explicó que lo que había visto era el reflejo de una serpiente pintada en el techo, el dolor del estómago ¡desapareció!

En el mundo tenemos muchas aflicciones. El Señor Jesús lo advirtió antes de morir. Muchas parecen serpientes de las que creemos que no tenemos escapatoria. Sin embargo, el Señor pide nuestra confianza pues Él ha vencido al mundo.

Si tenemos anclada nuestra fe en el grandioso Dios que tiene el control de todo en sus manos, pronto veremos el propósito de nuestra aflicción. Nuestra perspectiva de todo lo que nos rodea va a cambiar, ¡y esto incluye un gran galardón! Veremos que las serpientes están solo pintadas en el techo.

Señor, ayúdame a mantener mi confianza en Ti.

Tener fe incluye un galardón.

3

Descansa todo tu peso

Más el justo vivirá por fe.
Hebreos 10:38

Se cuenta que el misionero John Paton, que traducía la Biblia para una tribu en las islas del sur del Pacífico, descubrió que no tenían una palabra para definir «fe». Un día, después de correr mucho, un nativo llegó a su casa y se desplomó sobre una silla. «Es bueno poder descansar todo mi peso sobre esta silla», comentó. Entonces Paton tradujo «fe» como el descansar todo nuestro peso en Dios.

El escritor de Hebreos, en su preámbulo al capítulo de la fe, cita al profeta Habacuc, quien nos dejó sus conversaciones con Dios. Habacuc luchaba contra las injusticias que veía alrededor y lamentaba la supuesta tranquilidad de los pecadores. Dios responde y le dice al profeta que aquellos que no son rectos se enorgullecen, pero los justos viven por la fe.

¿Cómo andamos por esta vida? ¿Con cabezas hinchadas por nuestro «yo»? ¿O transitamos el día a día depositando el peso de nuestras penas, nuestras cargas e incluso nuestro «yo» sobre los brazos del Eterno? La fe no solo nos salva, sino que también nos sostiene.

Padre, deposito sobre ti todo el peso que traigo a cuestas.

Fe es descansar en Dios.

Una segunda oportunidad

Pero nosotros no somos de los que retroceden para perdición, sino de los que tienen fe para preservación del alma.

Hebreos 10:39

En diciembre de 2012, los médicos quedaron asombrados cuando recibieron a un hombre que había sido rescatado después de permanecer dos meses en su automóvil, enterrado bajo la nieve. La temperatura había descendido hasta -30° C y solo tenía un saco de dormir. Dicen que su cuerpo entró en un estado de hibernación.

En la Biblia leemos casos en los que muchos tuvieron una segunda oportunidad como el endemoniado gadareno, el ladrón de la cruz y el carcelero de Filipos. El gadareno iba directo a la ruina de una vida de locura, el ladrón estaba a punto de morir y el carcelero quería quitarse la vida. Sin embargo, los tres tuvieron un encuentro con Jesús y vivieron.

Aquel hombre de la historia «hibernó» para preservarse. En esta vida habrá tormentas de nieve que deseen enterrarnos y acabar con nuestras ilusiones, pero la fe en Jesús puede preservar nuestra alma. Busquemos a Dios. Dejemos que Él actúe y nos libre de la muerte eterna.

Señor, creo en que Tú guardas mi alma.

La fe preserva nuestra alma.

5

Un buen reporte

Porque por ella alcanzaron buen testimonio los antiguos.
Hebreos 11:2

¿Cómo vives o viviste el día que entregaban reportes escolares? En mi caso, las buenas o malas notas no hacían que mis padres me amaran menos o más. Jamás me quitaron la comida, ni me echaron de casa. De hecho, las notas servían para medir, entre otras cosas, la situación en casa, en el aula y en mi vida personal.

En la vida cristiana, Dios nos salva por amor y desea nuestro crecimiento y madurez. Su amor no se condiciona a nuestro desempeño. Sin embargo, nuestra fe nos ayuda a alcanzar un buen testimonio.

Así como nuestros padres se enorgullecían de nuestras calificaciones, Dios también lo hace cuando sabe que creemos en Él a pesar de no verlo. Esta aprobación también muestra lo grande y maravilloso que es nuestro Padre con quienes nos rodean. A final de cuentas, los reportes escolares no son solo para los hijos, sino también para los padres y maestros. Una buena nota es un trabajo en equipo, en este caso, entre nosotros y Dios.

Señor, deseo agradarte.

Por la fe recibimos aprobación.

6

PUESTO DE IMPORTANCIA

Buscad… a siete varones de buen testimonio, llenos del Espíritu Santo y de sabiduría.
HECHOS 6:3

Después de encontrarse una billetera de lujo con más de 500 dólares y tarjetas de crédito, un indigente en Tailandia decidió entregarla a la policía. El dueño, emocionado por el acto de honestidad, quiso recompensar al hombre dándole trabajo en su fábrica y un lugar para vivir. Un hombre así le convenía. Desde entonces, la vida del indigente cambió totalmente.

Los empresarios, para hacer crecer sus compañías, tienen un departamento de recursos humanos que se encarga de escoger a las personas más aptas para emplearlos. Los apóstoles necesitaban hombres que tuvieran «buen testimonio», es decir, una conducta intachable. Buscaban tanto hombres reconocidos como llenos de fe para desarrollar un ministerio demasiado importante: servir las mesas.

El Señor dijo que cuando somos fieles en lo poco, Él nos pondrá en lo mucho. Así que, Dios y los hombres ven el producto de la fe, que es el buen testimonio. Si hoy buscaran a personas de buen testimonio y una fe fuerte, ¿nos elegirían?

Mi Dios, quiero tener buen testimonio.

La fe transforma nuestra conducta.

Fe no fingida

Y daban buen testimonio de él.
Hechos 16:2

Quizá todos podríamos recibir un Óscar, tarde o temprano, por nuestras excelentes actuaciones cuando pretendemos saber algo o disfrutar de cierta compañía. Existen imitaciones de ropa y joyería, hay libros y música pirata, así como flores y pestañas artificiales. Muchas veces, nos preguntamos cuánto de lo que vemos en una foto o un video es real.

Durante su segundo viaje misionero, Pablo conoció a un joven del que todos hablaban bien. Era hijo de un hombre griego, pero su madre era una mujer judía. Aún más, Pablo se impresionó por su fe no fingida. El interés de este joven en Dios era genuino y auténtico. Además, Pablo descubrió que su abuela Loida y su madre Eunice poseían esa misma clase de fe real que inculcaron en el joven Timoteo.

Podemos simular confiar en Dios y actuar «la vida cristiana», pero Dios sólo acepta la fe no fingida. Él desea que nos volvamos a Él de todo corazón y le confiemos nuestras vidas. Como Timoteo, que otros hablen bien de nosotros pues nuestra fe es auténtica.

Señor, creo en ti de todo corazón.

Se puede fingir la fe ante otros, pero no ante Dios.

8

El principio de todo

Por la fe entendemos haber sido constituido el universo por la palabra de Dios, de modo que lo que se ve fue hecho de lo que no se veía.

Hebreos 11:3

Cuando una estrella colapsa sobre su propia gravedad al final de su vida, genera una región del espacio con una fuerza gravitatoria tan intensa que ni siquiera la luz puede escapar. Se produce así un agujero negro. Algunos expertos postulan que el universo empezó como un agujero negro, con una fuerza opuesta a la gravedad que provocó una expansión.

En Génesis 1:1 se nos enseña que Dios creó en el principio —habla del tiempo—, los cielos —aquí habla del espacio—, y la tierra, es decir, la materia. Dios se da a conocer como el autor de las tres dimensiones del universo, pues la materia, para moverse, necesita espacio y tiempo. La creación fue producto del plan divino.

Ya que ninguno de nosotros estuvo presente en la creación, requerimos fe para creer. Ya que sí vemos la realidad de Dios en nuestras vidas hoy, podemos confiar que lo que dice sobre el origen de todo es cierto.

Oh, Señor, tu Palabra es verdad.

Tener fe nos hace inteligentes.

9

¿LO CREEMOS?

Porque él dijo, y fue hecho.
SALMOS 33:9

Aunque nunca hemos sido soldados, sabemos que en el ejército existen oficiales superiores cuyas órdenes son incuestionables. Y en los Evangelios leemos sobre un oficial romano, respetado por su amor al pueblo judío, que reconoció la divinidad de Jesús.

No necesitó ir a verlo, sino que mandó a unos amigos para pedir que sanara a su esclavo enfermo, consciente de que Jesús, el Capitán Supremo, tenía la suficiente autoridad para solo decir unas palabras y lograr que su esclavo sanara. Jesús se asombró de su fe e hizo lo que le pidió.

La voz de Dios es tan poderosa que creó al universo con tan solo ordenarlo. Jesús sanó a un hombre con tal solo decirlo. La pregunta para nosotros es sencilla: ¿creemos que Dios es suficientemente poderoso para decretar algo y llevarlo a cabo? La evidencia muestra claramente que es así, pero el problema radica en la incredulidad de nuestros corazones. Seamos como ese oficial romano y oremos: «Tan solo pronuncia la palabra y…»

Señor Jesús, por Tu palabra este mundo fue hecho. Lo creo de todo corazón.

Confiemos en que lo que Dios dice, eso se hará.

10

A NUESTRO MODO

Por la fe Abel ofreció a Dios más excelente sacrificio que Caín.
HEBREOS 11:4

¿Has intentado construir un mueble sin las instrucciones? A la mitad te das cuenta de que pusiste mal una repisa y debes comenzar de nuevo. ¿O qué pasa si no usas la receta y tanteas las cantidades de harina? Tu maestro te da las instrucciones sobre el ensayo y como no las sigues, repruebas.

En asuntos del alma somos iguales. No queremos que nos digan cómo hacer las cosas y lo hacemos a nuestro modo. Pero Abel aprendió de sus padres, Adán y Eva, que Dios había establecido el sacrificio de un inocente para que el pecador se pudiera acercar a Él. Dios usó pieles de animales inocentes para vestirlos y ellos supieron que pecar era cosa seria. Transmitieron a sus hijos esta enseñanza y la fe del obediente Abel hace contraste con el rebelde Caín, que decidió acercarse a Dios a su manera.

No podemos acercarnos a Dios según nuestras ideas. Dios sigue pidiendo un sacrificio: el perfecto sacrificio de su Hijo. Así que presentémonos ante Él al poner nuestra fe en la sangre de Jesús.

Tu sacrificio, Señor, es mi salvoconducto.

La fe mira el sacrificio de Jesucristo.

Mediador

...a la sangre rociada que habla mejor que la de Abel.
Hebreos 12:24

¿Sabías que existe un máster en mediación y resolución de conflictos? Hoy en día puedes contratar un mediador para que te ayude con temas familiares, laborales y legales. Si lo contratas de manera privada debes pagar por sus servicios. Pero existe un problema de proporciones épicas que un mediador no podrá resolver: la separación que el pecado ha provocado entre los seres humanos y un Dios santo.

Por esa razón, Dios, desde el principio, estableció que sin derramamiento de sangre no habría remisión de pecados. Probablemente, el sacrificio que hizo Abel fue uno de los primeros en la historia de la humanidad, pero esa sangre no solucionaba el problema de raíz, sino que solo lo cubría temporalmente.

Entonces vino Jesús, que se puso en medio, entre Dios y nosotros, para acercarnos al Padre. Su sacrificio fue más que suficiente para pagar nuestra deuda, reconciliarnos con Dios y traernos a Él. ¿Lo mejor de todo? No tenemos que pagar los servicios de nuestro «mediador», sino aceptar, por medio de la fe, su generosa oferta.

Señor Jesús, gracias por mediar entre Dios y nosotros.

Jesús es el único mediador entre Dios y los hombres.

12

Una amistad maravillosa

Por la fe Enoc fue traspuesto para no ver muerte, y no fue hallado, porque lo traspuso Dios; y antes que fuese traspuesto, tuvo testimonio de haber agradado a Dios.

Hebreos 11:5

Trasponer significa cambiar una cosa de lugar. Un día, Enoc caminaba por los senderos polvorientos de este mundo y de repente ya estaba en la presencia de Dios. Los que hemos creído en Jesús también un día iremos con Él, pero para cambiar de lugar pasaremos primero por la muerte. Enoc se saltó ese paso.

Enoc agradó a Dios por su fe y caminaba con Él. ¿Qué cosas le habrá revelado Dios sobre Su persona? ¿Cómo fue traspuesto? Y qué interesante pensar que sus seres amados y conocidos no lo hallaron, pero supieron que estaba con Dios. ¿Qué les confirmó este hecho? Que había agradado a Dios.

Como el poeta Cowper podemos orar: «Oh, ¡quién pudiera andar con Dios!» Nosotros podemos cuando tenemos una amistad íntima y maravillosa con el Señor. Como Enoc anhelemos estar un día con Él. Y, como dice el final del poema: «Vayamos por el camino que nos lleva al Cordero».

Quiero conocerte más y andar contigo.

La fe nos pone en contacto íntimo con Dios.

13

Caminar con Dios

Caminó, pues, Enoc con Dios.
Génesis 5:24

¡Cómo me costaba llevarle el paso a mi abuelito! Él caminaba con una meta, como la oficina de correos y, debido a su altura, daba zancadas que valían por tres de mis pasos. Sin embargo, qué privilegio recibir saludos, escuchar sus observaciones o reír con una de sus historias chistosas.

La Biblia nos dice que Enoc caminó con Dios. No nos dicen cómo, pero podemos imaginar que Enoc trató de mantener el paso del Creador, se dirigió a la misma meta y disfrutó sus conversaciones con el Todopoderoso. Tanto caminaron juntos que, un día, Enoc desapareció rumbo a Dios. Me pregunto si una vez en el cielo se sentaron a charlar o si han seguido caminando.

Debido a su plena confianza en Dios, Enoc invirtió su tiempo, su esfuerzo y seguramente su dinero en andar al paso del Altísimo. Caminar con Dios se convirtió en su modo de vida. No sé cuándo me tocará llegar al cielo, pero sí sé que el propósito más loable de nuestra existencia es andar con Dios.

Padre, quiero caminar contigo. Ayúdame a dar el primer paso.

Caminar con Dios es caminar por fe.

14

El galardón

Pero sin fe es imposible agradar a Dios; porque es necesario que el que se acerca a Dios crea que le hay, y que es galardonador de los que le buscan.

Hebreos 11:6

Las religiones hacen todo lo posible por agradar a sus deidades. Los griegos ofrecían vino y miel en sus altares. Los aztecas sacrificaban seres humanos. Se hacen oraciones, se cantan himnos religiosos y se baila. Para muchos, se trarta de seguir leyes o dar a los pobres, o hacer peregrinaciones a lugares santos.

Durante siglos, las personas han buscado agradar a los dioses que inventaron; incluso muchos que dicen seguir el cristianismo piensan que deben cumplir ciertos requisitos para congraciarse con Dios. Sin embargo, Hebreos nos lo dice con claridad: solo se necesita fe para agradar a Dios. Sin ella no es posible lograrlo.

Dios pide que creamos que Él existe y que recompensa a los que le buscan. ¿Y cuál es la recompensa? ¿Lo que los hombres buscan, como fama, comodidad y sustento? El galardón es Él mismo. Restaurar nuestra relación con Dios es suficiente para sentirnos completos.

Mi fe está en ti, Señor.

Solo por fe agradamos a Dios.

15

Acompáñalas con fe

...pero no les aprovechó el oír la palabra, por no ir acompañada de fe...
Hebreos 4:2

Vierte una o dos cucharaditas de café instantáneo en una taza. Luego, añade agua caliente y remueve hasta que el café se disuelva. Añade azúcar al gusto. ¿Puedes separar los granos de café del agua? ¡No! Se ha hecho una mezcla.

La palabra en griego para «mezcla» se usa en el versículo de hoy. El autor de Hebreos nos recuerda la historia de los israelitas que salieron de Egipto y cruzaron un desierto, pero no entraron a la Tierra Prometida. Tenían en las manos las promesas de Dios, pero no acompañaron —o mezclaron— las palabras de Dios con fe, por lo que no entraron a su reposo.

Las promesas de Dios han quedado registradas en la Biblia, pero si no las mezclamos, unimos o acompañamos con fe, no podremos acceder a ellas. Que nuestra fe se disuelva de tal modo que no podamos separarla de las promesas de Dios. Medita si has puesto tu confianza en el Dador de promesas, mientras acompañas tu café con unas galletas.

Señor, no quiero ser incrédulo como fueron los israelitas, sino que quiero entrar a tu reposo.

Combina las promesas de Dios con la fe.

16

Tatuaje de fe

El que cree en el Hijo tiene vida eterna;
pero el que rehúsa creer en el Hijo no verá la vida,
sino que la ira de Dios está sobre él.
Juan 3:36

Amanda Munaretti, una empresaria brasileña, es alérgica a ciertos medicamentos. Su temor de no poder explicar su alergia en un momento crucial le hizo tomar la decisión de tatuarse esta información en su brazo izquierdo. «Me hice un tatuaje para salvarme la vida», dijo Amanda.

Si leemos el pasaje completo de nuestro versículo, el Señor Jesús describe la condición de los faltos de fe. La situación es muy clara: cada persona tiene dos opciones en la vida, creer en Jesús o rehusar creer en Él. ¿Y la consecuencia? Los que creemos, agradamos a Dios; los que lo rechazan, reciben la ira de Dios.

Pienso en la fe como el tatuaje que nos ayudará a presentarnos delante de Dios para no sufrir su ira en el momento crucial. Tener al Hijo de Dios en nuestra vida asegura nuestra eternidad. Animemos a otros a creer en el Hijo.

Señor, que mi alma tenga fe en ti como un tatuaje que no se puede borrar.

La fe debe estar arraigada en nuestra alma.

17

Fe que condena

Por la fe Noé... condenó al mundo, y fue hecho heredero de la justicia que viene por la fe.
Hebreos 11:7

¿Has oído hablar de los monjes estilitas? Estos monjes de tiempos del Imperio bizantino vivían sobre una plataforma colocada en la cima de una columna donde ayunaban, oraban, mortificaban sus cuerpos y predicaban. En algunas obras se les describe condenando a los demás por sus pecados.

La Biblia nos dice que, por su fe, Noé condenó al mundo, pero no lo vemos discutiendo ni deseando el mal a sus contemporáneos. Simplemente creyó la advertencia de Dios y se puso a construir el arca. Diríamos que la fe de Noé dibujó una línea porque, a diferencia del resto, prefirió obedecer con temor reverente.

Noé no nos enseña a apuntar con el dedo a los demás y decirles que están mal, sino a dar testimonio a través de nuestra obediencia. Por lo tanto, no tenemos que predicar desde las alturas como los estilitas, ajenos y lejanos a los demás. Como Noé, solo sigamos las instrucciones de Dios. Quizá nuestro ejemplo convenza a otros de escuchar también al Señor.

Señor, que mi fe sea una que obedezca.

Nuestra fe es el mejor testimonio hacia los demás.

18

El juego de la vida

Noé, varón justo, era perfecto en sus generaciones;
con Dios caminó Noé.
Génesis 6:9

Jasen Bracy es un joven que juega fútbol americano en la preparatoria. Lo sorprendente es que está completamente ciego desde los siete años por un cáncer en la retina. Como no puede ver a los otros jugadores, depende de las instrucciones que su padre le da a través de un *walkie-talkie* para hacer sus jugadas. Su padre «lo acompaña» durante todo el juego.

Imaginemos a Noé caminando con Dios. No puede verlo, ni tocarlo, solo escucha su voz dándole instrucciones para su vida y para el resto de la humanidad. ¿Qué se necesita para caminar con Dios? Confiar, creer. Y solo se necesita una fe del tamaño de una semilla de mostaza.

Andemos por esta vida como Jasen Bracy o Noé, conscientes de que todo el tiempo necesitamos a nuestro Padre para decirnos qué hacer, por dónde andar y qué decir. Recordemos también que, como Jasen Bracy, no tenemos la vista suficiente para jugar el juego de la vida. Además, nuestro ejemplo, como el de Noé, bendecirá a nuestras generaciones.

Oh, Señor, ¡quiero caminar contigo!

Podemos caminar con Dios solo por fe.

19

LA FE ES PERSONAL

...ellos por su justicia librarían únicamente sus propias vidas...
EZEQUIEL 14:14

Cuando Tomás vio que las aguas comenzaban a subir, rápidamente cargó a su bebé y a su niño de tres años, y trepó al techo de su casa. Su esposa lo alcanzó enseguida y, aunque tuvieron que esperar horas, finalmente un helicóptero los detectó y envió una lancha para salvarlos. Tomás rescató a su familia.

Noé lo hizo también. Debido a que construyó el arca, logró que su familia no muriera ahogada. Sin embargo, ni Tomás ni Noé pudieron obligar a sus seres amados a creer en Dios. La salvación es una decisión personal. Cuando el profeta Ezequiel acusó a los judíos por su idolatría, les dijo que si Noé viviera en sus tiempos, difícilmente lograría rescatarlos a todos, sino solo a sí mismo.

En otras palabras, si bien nuestras acciones logran «proteger» físicamente a los demás, la fe no se hereda ni se transmite por medio de los genes. Cada uno es responsable de poner su confianza en el Salvador. Que esto, lejos de desmotivarnos, nos anime a predicar con el ejemplo a los que amamos, rogando en oración por sus almas.

Padre de misericordias, salva a mi familia.

Tu fe puede inspirar a otros.

20

Una decisión difícil

Por la fe Abraham, siendo llamado, obedeció para salir al lugar que había de recibir como herencia; y salió sin saber a dónde iba.

Hebreos 11:8

En el actual país de Irak se encuentra la ciudad de Ur, fundada hace cuatro mil años por los caldeos. Era una ciudad grande, con dos puertos y una economía basada en la agricultura y el tejido de lana. Seguramente, Abraham y Sara tenían una vida cómoda y eran conocidos entre los habitantes. Entonces Dios llamó a Abram.

¿Qué pensaron Abraham y Sara cuando dejaron su tierra y su parentela por obedecer el mandato de Dios? Perderían su posición, sus amistades, un lugar seguro y otras comodidades, para vivir el resto de sus vidas como nómadas sin saber a dónde irían. Pero Abraham estaba determinado a obedecer.

Notemos que Abraham no tenía toda la Escritura en ese momento, pero le bastó lo que Dios le dijo y le prometió para actuar. Conocer al Dios todopoderoso y que no miente, debe ser motivo suficiente para seguirlo sin pensar. ¿Por qué entonces nos cuesta tanto hacerlo?

Señor, que mi fe sea tan sólida como la de Abraham.

La Palabra de Dios es fuente de fe.

21

NO TE DETENGAS

Y tomó Taré a Abram su hijo…
y vinieron hasta Harán, y se quedaron allí.
GÉNESIS 11:31

¿Sabías que Abraham tuvo dos hermanos? El menor murió en Ur, no tan joven pues ya tenía hijos. Su padre, Taré, lo había nombrado Harán y cuando partió hacia Canaán pasaron por una ciudad con el mismo nombre y ahí se establecieron.

¿Recibió Taré la misma encomienda de Abraham para salir e ir a Canaán? El texto en Génesis 11 parece sugerirlo. Sin embargo, ya sea por el duelo o por salud, la familia se quedó en Harán. De hecho, ahí murió Taré. ¿Le faltó fe para dar el siguiente paso? ¿Enfermó de gravedad o sintió cansancio?

En el libro de Josué leemos que Taré, Abraham y Nacor vivían al otro lado del río y «servían a dioses extraños» (24:2). Como todos, Taré empezó el camino de fe al dejar atrás los ídolos falsos. Luego dio el primer paso rumbo a la Tierra Prometida. ¿El problema? Se quedó en Harán. Que no nos pase lo mismo. No nos detengamos hasta llegar a la meta.

Señor, ayúdame a seguir adelante y no mirar atrás.

La fe avanza un paso a la vez.

22

Los cinturones

Respondieron y le dijeron: Nuestro padre es Abraham.
Jesús les dijo: Si fueseis hijos de Abraham,
las obras de Abraham haríais.
Juan 8:39

Conocí a Bella Victor en nuestro encuentro de escritores. Visitando Cholula, una ciudad arqueológica de México, Bella compró dos cinturones, pero al llegar al hotel, encontró que en lugar de dos eran tres. La vendedora no se percató de que le había dado a Bella tres cinturones en lugar de dos, ni Bella tampoco.

Entonces me pidió que regresara a la tienda y devolviera la prenda. Deseaba hacer lo correcto. Para Abraham, demostrar su fe y obedecer le costó dejar un lugar cómodo, perder familiares y amigos, e incluso sufrir años de esterilidad y dudas.

Sin embargo, cuando Jesús estuvo en Galilea notó que los que se identificaban como hijos de Abraham no mostraban su fe con hechos. Decían, pero no hacían. ¿Y nosotros? Tenemos el privilegio de mostrar al mundo que hacemos lo correcto al ser verdaderos hijos de Abraham por la fe. Aunque la fe es entre tú y Dios, los demás podrán verla.

Señor, ayúdame a mostrar lo genuino de mi fe.

La fe se muestra con hechos.

23

RUMBO AL HOGAR

Dios le trasladó a esta tierra.
HECHOS 7:4

Cuando cumplí doce años, mis abuelos me invitaron a un largo viaje en auto. Cuando paramos en un hotel con piscina, les rogué por unos días más, pero me alegra que mi abuelo insistiera en seguir, pues en nuestro destino nos esperaba un precioso lago.

Abraham hizo una parada bastante larga al norte de Mesopotamia. Abraham salió de Ur y vivió en Harán hasta que su padre murió. Pero «Dios le trasladó», es decir, lo llevó, lo empujó o lo obligó a continuar el trayecto.

Por encima de nuestros errores y nuestra humanidad está Dios. Jesús es quien inicia y perfecciona nuestra fe, así que es el más interesado en que no nos detengamos en el trayecto sino sigamos a la meta es Él. Como dijo C.S. Lewis: *Nuestro Padre nos refresca en el camino con algunas posadas agradables, pero no nos alienta a confundirlas con el hogar.* Así que, aunque ahora la parada parezca hermosa, recordemos que nos espera un lago de cristal.

Gracias, Señor, porque Tú me animas a seguir.

Dios es el más interesado en nuestro camino de fe.

24

UNA HERENCIA SEGURA

Por la fe habitó como extranjero en la tierra prometida como en tierra ajena, morando en tiendas con Isaac y Jacob, coherederos de la misma promesa.

HEBREOS 11:9

La modelo Anna Nicole Smith se casó con un anciano billonario de 89 años que le prometió la mitad de su fortuna. El hombre falleció trece meses después de la boda sin haberla incluido en su testamento. Ella peleó legalmente lo que consideraba su herencia, pero no lo logró.

Abraham, por su parte, recibió la promesa de Dios de que le daría una tierra. Aunque al principio la habitó como extranjero, entendió que la promesa iba más allá de un pedazo de tierra pues abarcaba una vida de fe que pudo disfrutar setenta y cinco años junto a su hijo Isaac y quince con Jacob, sus coherederos. Quizá vivían en tiendas y no en una mansión, pero gozaron de la presencia de Dios.

¿Quién heredó el dinero del esposo de Smith? El hijo del billonario. Dios nos ha dado una Tierra Prometida: la vida eterna en Jesús y esta se recibe no por un acuerdo de conveniencia, sino solo por la fe en Jesús para ser parte de su familia.

Gracias, Jesús, por aceptarme en tu familia.

Por la fe sabemos que Dios no miente.

25

Dos ciudadanías

...porque esperaba la ciudad que tiene fundamentos, cuyo arquitecto y constructor es Dios.
Hebreos 11:10

Cuando viví en otro país durante cuatro años, supe lo que significaba sentirse extranjero y lo que implicaba el papeleo extra y las miradas de curiosidad. Luego regresé a mi país y sentí un gran alivio. Me sentí con derechos que antes no tenía. Abraham, en cambio, necesitó mucha fe para vivir en su «propia» tierra como un extranjero.

Muchos de los problemas que enfrentamos a diario tienen que ver con nuestras dos nacionalidades. Si bien es cierto que tenemos un acta de nacimiento que nos declara ciudadanos de un país, pertenecemos también al pueblo de Dios. Cuando adquirimos esa segunda nacionalidad esperamos una ciudad eterna, construida y diseñada por Dios.

¿Cómo se vive como un extranjero? Se respetan las leyes del país, se trabaja para el beneficio de los demás y se forman lazos de amistad, pero siempre se tiene un pie afuera.

Señor, que sea sabio al vivir y disfrutar mis dos ciudadanías, aunque una es temporal.

La fe espera una ciudad eterna.

26

VISIÓN DE ÁGUILA

No mirando nosotros las cosas que se ven, sino las que no se ven; pues las cosas que se ven son temporales, pero las que no se ven son eternas.

2 CORINTIOS 4:18

El águila real tiene una visión 20/7. Puede ver objetos siete veces más lejos que el ser humano y divisar a su presa a tres kilómetros de distancia. Además, percibe más colores y rangos ultravioletas, azules, verdes y rojos. Esta ave tan singular puede ver una hormiga a más de cien metros de distancia.

¿Por qué nuestro Señor hizo a las águilas con una visión tan magnífica? Dios nos compara con las águilas cuando tenemos fe. Isaías 40:31 dice que, si esperamos o confiamos en Jehová, seremos como las águilas. Nuestra fe agudiza nuestro sentido de la vista espiritual y podemos discernir las cosas eternas.

Un hijo de Dios ve la vida con un enfoque diferente. Puede percibir que tiene una riqueza extrema acumulada en los cielos y una mansión de oro tapizada de joyas preciosas. Puede mirar las cosas eternas con los ojos de la fe. Sé un hombre o una mujer de fe.

Dame visión de águila para ver tus maravillas eternas, Señor.

La fe nos hace ver como las águilas.

27

FE Y MILAGROS

Por la fe también la misma Sara... recibió fuerza para concebir... porque creyó que era fiel quien lo había prometido.
HEBREOS 11:11

Eta Linnemann creció estudiando la Biblia con el método histórico-crítico que rechaza todo milagro. Aunque se convirtió en teóloga, enseñaba que los milagros eran solo leyendas. Pero una fe sin un Dios poderoso no es verdadera, por lo que se hundió en el alcoholismo. Entonces sus alumnos empezaron a orar por ella hasta que creyó en Jesús. En sus palabras: *Descubrí al Dios viviente.*

Sara, la esposa de Abraham, era estéril. Sin embargo, tuvo un hijo a los noventa años. El escritor de Hebreos nos dice que recibió «fuerza», palabra que en el original describe un milagro. ¿Qué necesitó para ver lo sobrenatural? Creyó que Dios, quien le había prometido un hijo, era fiel.

Del mismo modo, Dios nos ha prometido muchas cosas, algunas que requieren, precisamente de un milagro. Pero tenemos un Dios que todo lo puede y nos puede dar fuerzas para lo impensable. Como Eta, si hemos vivido con escepticismo, abramos los ojos al Dios Viviente que todavía hoy actúa.

Padre, creo que tus promesas son confiables y verdaderas.

Por fe podemos recibir milagros.

28

Un mundo mejor

¿Por qué se ha reído Sara diciendo:
¿Será cierto que he de dar a luz siendo ya vieja?
Génesis 18:13

Viktor Frankl, un psiquiatra y filósofo sobreviviente del Holocausto, atendió la llamada de una mujer que quería quitarse la vida. El médico le dio varias razones por las cuales era valioso vivir y ella prometió no suicidarse. Sin embargo, tiempo después, cuando conoció a la mujer, ella le dijo que nada de lo que le dijo la convenció de no lastimarse.

Sara envejeció y seguía sin poder tener hijos. Tal vez se cansó de pedir a Dios un milagro. Pero Él había escuchado, aunque tenía otros tiempos y, cuando le prometió que el momento había llegado, ella se rio. ¿Le faltó fe? Tal vez un poco. Sin embargo, según Hebreos 11, Sara creyó.

La mujer en la historia evitó hacerse daño porque pensó que si alguien estaba dispuesto a escucharla, valía la pena vivir. Sara, aunque no entendía el cómo, supo que Dios atendió sus ruegos y era suficiente motivo para creer. Si sientes hoy la desesperación de Sara o de la otra mujer, detente y espera. El Todopoderoso escucha y responde. Ten fe.

Señor, escúchame y dame las fuerzas para seguir.

La fe hace del mundo algo mejor.

29

Una fe que no titubea

Mantengamos firme, sin fluctuar, la profesión de nuestra esperanza, porque fiel es el que prometió.
Hebreos 10:23

El noviazgo de Gerardo con Mariana se caracterizó por inseguridades. Tres novias anteriores le habían mentido, dos de ellas siendo infieles con descaro. Con temor pronunció sus votos y se preguntó si Mariana cumpliría. Treinta años después, al celebrar su aniversario, sabe que Mariana cumple lo que promete, pues es fiel.

Seguramente a Sara, la esposa de Abraham, le tomó varios años conocer y observar cómo actuaba el Dios de su esposo. Pero en el momento preciso, confió en su más grande promesa, no al poner los ojos en Abraham, sino en el Dios que los sacó de Ur. Supo que lo que Dios había dicho, sucedería.

Los primeros años de matrimonio de Gerardo se caracterizaron por fluctuaciones. Quizá también hemos actuado así con Dios, dudando de que de verdad nos ama, nos perdona o nos cambia. Sin embargo, podemos mantenernos firmes pues se puede confiar en Dios, ya que aun si fuéremos infieles «él permanece fiel; Él no puede negarse a sí mismo» (2 Timoteo 2:13).

Señor, a veces titubeo. Ayúdame a mantenerme firme.

Dios es fiel.

30

Estrellas y arena

Por lo cual también, de uno, y ese ya casi muerto, salieron como las estrellas del cielo en multitud, y como la arena innumerable que está a la orilla del mar.

Hebreos 11:12

Conocer el número de estrellas o de los granos de arena es una tarea imposible. Se dice que el universo observable tiene más de 100 mil millones de galaxias y, en cada galaxia, hay miles de millones de estrellas. Por otro lado, se calcula que hay cerca de 300 tipos de arena.

Dios le prometió al anciano Abraham que nadie podría contar su descendencia y Abraham tomó la decisión de creerle. Hoy, si miramos hacia atrás, ¿cuántos descendientes ha tenido, no solo de sangre sino por la fe? ¡Millones de millones!

Quizá hoy, como el misionero William Carey, uno de los primeros en evangelizar India en la época moderna, solo vemos unos cuantos frutos de nuestra labor. Hoy India es uno de los lugares con más habitantes y muchos son creyentes. Cuesta trabajo calcular cómo Dios cumplirá sus promesas en nosotros, pero un día tendremos nuestras propias estrellas y granos de arena.

Señor, que lo poco que haga hoy se multiplique para gloria de tu nombre.

La fe multiplica.

31

Fe que no se debilita

Él creyó en esperanza contra esperanza…
y no se debilitó su fe.
Romanos 4:18-19

¿Has perdido la esperanza de que un ser amado venza su adicción o de que te puedas reconciliar con alguien? Quizá todo en tu diagnóstico indica que no hay alternativa y solo te espera una enfermedad lenta y degenerativa. En ocasiones no tenemos ya esperanza y deseamos renunciar. Sin embargo, veamos el ejemplo de Abraham.

Su edad, los achaques de su cuerpo y las estadísticas mostraban que no llegaría a ser el padre de muchas naciones, pero decidió seguir creyendo. Su fe no se debilitó a pesar de que todo indicaba que no tendría hijos. Él creyó en la promesa de Dios sin vacilar y la Biblia dice que, de hecho, su fe se fortaleció aún más.

¿Cuál fue el secreto? En que la fe es estar «plenamente convencido» de que Dios es poderoso para cumplir todo lo que promete (Romanos 4:21). ¡Qué definición más increíble! ¿Cómo se fortalece nuestra fe? Cuando creemos, aun cuando todo nos sugiera lo contrario, Él hará lo que ha dicho.

Padre, estoy convencido de que eres poderoso para hacer lo que prometes.

Fortalece tu fe con esperanza.

32

Cien por ciento

Plenamente convencido de que era también poderoso para hacer todo lo que había prometido.

Romanos 4:21

Nos hemos vuelto una sociedad que teme usar la frase del 100%. Los anticonceptivos, a excepción de la abstinencia, oscilan entre el 98 y 99% de efectividad, pero siempre está ese 1% que nos preocupa. Los aparatos que compramos funcionan perfectamente el 99% de las veces y nadie se compromete al 100% porque pensamos que es imposible.

Sin embargo, con Dios hay un 100% de probabilidad de que se cumplan sus promesas y propósitos. Quizá te cuesta trabajo explicar la fe, pero Romanos nos da una gran definición. Fe es tener plena y completa seguridad; un 100% y nada menos de seguridad; el convencimiento de que Dios es poderoso para hacer lo que ha prometido.

Abraham tuvo ese tipo de convicción y por eso es el padre de la fe. Seguramente tuvo momentos de titubeo, indecisión y preguntas como nosotros, pero la clave no estaba en él sino en Aquel que le dio la promesa: con Dios todo es 100 por ciento. Con Él no hay dudas ni incertidumbre, pues es poderoso.

Yo confío en ti, Señor, porque Tú eres Dios.

La fe descubre que Dios es fiel.

33

El escritor que perdió la fe

Por lo cual también su fe le fue contada por justicia.
Romanos 4:22

Leí la entrevista a un escritor mexicano que declaró que había perdido la fe. Su entrevistadora indagó: «¿Y extraña la fe?» Él respondió: *Mucho. Porque es el sentido de la vida y, si se pierde, la vida se convierte en un vacío inexplicable y en eso estoy.* El hombre de 74 años reconoció que sin fe no se puede explicar nada de lo que existe, ni por qué existe, ni cómo ni para qué.

Abraham, por su parte, a los 75 años dejó Harán para continuar su camino a Canaán. Al contrario del escritor que perdió la fe, la fe de Abraham le dio sentido a su vida. Su fe le valió para que Dios lo considerara justo y lo aprobara.

«¿Busca reencontrar su fe?», le preguntaron al escritor. El hombre respondió que lo hacía de todas las maneras posibles, aunque lo veía muy difícil. Murió dos años después de la entrevista y espero que haya encontrado a Jesús, pues sus más de cuarenta libros publicados no llenaron el vacío.

Señor, te pido por todos aquellos que no encuentran sentido a sus vidas.

La fe le da sentido a nuestra existencia.

34

Una perspectiva correcta

Conforme a la fe murieron todos estos sin haber recibido lo prometido… confesando que eran extranjeros y peregrinos sobre la tierra.

Hebreos 11:13

Todo país cuenta en su historia con los testimonios de inmigrantes que llegaron huyendo de la violencia o las inclemencias de la naturaleza en busca de oportunidades y trajeron bendición a su país anfitrión. En la mayoría de los casos, las familias de estas personas hoy se reconocen como ciudadanos y gozan del fruto de su esfuerzo.

Los héroes del libro de Hebreos también confesaron ser extranjeros y peregrinos en este mundo. En otras palabras, sabían que estaban de paso. Sin embargo, notemos lo que este versículo subraya: aunque no recibieron el total de las promesas, porque confiaban en Dios, vieron desde lejos lo prometido y lo aceptaron con gusto.

Nosotros también reconozcamos hoy que no somos ciudadanos de este mundo, y confesemos que somos extranjeros y peregrinos sobre la tierra.

Señor, ayúdame a poner la mira en las cosas celestiales.

La fe nos da la perspectiva correcta.

35

Encuentro con el Primer Adán

Amados, yo os ruego como a extranjeros y peregrinos, que os abstengáis de los deseos carnales.
1 Pedro 2:11

En la novela *El progreso del peregrino*, Fiel se encuentra con un hombre entrado en años que ofrece pagarle a cambio de que viva con él. Cuando el joven le pregunta cuánto tiempo debe acompañarlo, el Primer Adán, que es su nombre, responde: *Hasta que mueras*. A Fiel le pareció un buen trato y un agradable compañero, pero pronto se dio cuenta que, de aceptar, se volvería su esclavo.

Quizá Abraham pensó que al marcharse de Ur dejaría atrás los problemas y el pecado, pero pronto se dio cuenta de que un enemigo constante lo acechaba: su naturaleza pecaminosa. Su pecado lo haría mentir dos veces sobre la relación con su esposa Sara y cometer otros errores.

Por esa razón, el apóstol Pedro nos exhorta a apartarnos de los deseos pecaminosos. Como Fiel, no vayamos a su casa. Tenemos un nuevo destino, así que sigamos el camino de la fe y no complazcamos los deseos que van en contra de nuestra nueva vida.

Señor, dame fuerzas para no dar lugar a los malos deseos.

No demos lugar a nuestra vieja naturaleza.

36

UNA PATRIA MEJOR

Porque los que esto dicen, claramente dan a entender que buscan una patria.

HEBREOS 11:14

En México, al mes de septiembre se le llama «Mes de la Patria». Todas las calles se adornan con decoraciones de color verde, blanco y rojo, y se comen «antojitos» hechos con masa de maíz en diferentes presentaciones, servidos con salsa picante. Cada país tiene sus propias fechas, con sus tradiciones representativas y furor patriótico. Durante uno o dos días todos celebramos a nuestra nación.

El Señor Jesús nos prometió preparar un lugar para nosotros en donde las calles son de oro y hay un mar de cristal. No podemos imaginar ese lugar porque nunca hemos visto algo igual. ¡Qué patria tan maravillosa y deslumbrante nos espera a los que hemos tenido fe en esa promesa del Salvador!

Seguramente nuestro país actual se encuentra en crisis, pero los que creemos en Jesús tenemos una patria mejor. ¿Qué tan listo te encuentras para llegar al sorprendente lugar que Jesús fue a preparar? Así como nos entusiasma celebrar a nuestra nación, preparémonos para el gozo eterno en el cielo.

Señor, anhelo llegar a la patria celestial.

Por la fe podemos tener una patria maravillosa.

37

¿Caminas viendo el suelo?

Poned la mira en las cosas de arriba, no en las de la tierra.

Colosenses 3:2

¿Te has fijado que por lo general no necesitamos ver el suelo por donde caminamos? De hecho, si miramos al piso nuestro cerebro piensa que deseamos movernos en esa dirección y esto nos puede traer pérdida del equilibrio. Por eso, tenemos unos maravillosos ojos que pueden advertirnos de los peligros, para dirigir el cuerpo a la meta.

El apóstol Pablo nos recuerda que el camino de la fe es semejante. Si fijamos la vista en la tierra, nos dirigiremos a ella y experimentaremos tal desbalance que nos hará tropezar. Por el contrario, si ponemos la mira en las cosas del cielo, no solo avanzaremos en esa dirección, sino que evitaremos caernos.

¿Cómo se logra? Al concentrar nuestra atención, no en las ranuras de los problemas o en las grietas de las imperfecciones propias, o de los que nos rodean, sino en Aquel que es perfecto y santo. Nuestros ojos espirituales radican en nuestros pensamientos. Que se dediquen a las realidades celestiales y no a las de este mundo.

Padre, ayúdame a caminar con los ojos puestos en el cielo.

Piensa en las cosas del cielo.

38

NO HAY LUGAR COMO EL HOGAR

Pues si hubiesen estado pensando en aquella de donde salieron, ciertamente tenían tiempo de volver.
HEBREOS 11:15

Un hombre británico inventó un sistema de GPS incorporándolo a unos zapatos. Quien calza esos zapatos, solo tiene que pegar tres veces los talones uno contra otro y se encenderán unos *leds* que guiarán a la persona hacia el destino que busca. Este inventor llamó a sus zapatos: *No hay lugar como el hogar*.

En el libro «El Progreso del Peregrino», Cristiano sale de la Ciudad de la Destrucción hacia la Ciudad Celestial. En el camino va a encontrarse con obstáculos que el enemigo le pondrá, pero él está decidido a encontrar esa Ciudad.

La fe en el Señor es nuestro GPS indicando el camino correcto. No hay manera de perdernos en nuestro andar hacia la Patria celestial. Hemos salido de este mundo e iniciado un camino de fe que nos guiará al lugar correcto. No tenemos que pegar tres veces nuestros talones, solo creer en el sacrificio de nuestro amado Señor Jesús. ¿Cómo está tu GPS de fe?

Mi fe en ti, Señor, es lo único que tengo para llegar contigo.

Mi fe es el GPS hacia la Ciudad Celestial.

39

FORASTEROS

Forastero soy yo en la tierra.
SALMOS 119:19

Cuando comenzó la guerra en Ucrania, mi amiga no miró atrás. Tomó a su pequeña hija, llegó a la frontera y abordó un avión rumbo a otro continente. Dejó su hogar y sus pertenencias. Experimentó el quebrantamiento y aprendió a depender de Dios para sus necesidades básicas.

Los hijos de Dios somos forasteros. Hemos abandonado la tierra del pecado y de la identidad falsa. De repente nos encontramos sin tierra que reclamar. Pero el salmista nos recuerda que hay algo que nos sostiene: los mandatos de Dios. Cuando somos extranjeros, la Palabra de Dios nos recuerda que se nos ha prometido una Tierra.

Mi amiga ucraniana encontró un hogar en la comunidad de fe que le abrió los brazos. Nosotros podemos hallar un refugio en el amor de Dios. Como todo forastero, dejamos algo atrás; nos quebranta la pérdida, pero podemos aprender a depender del Dios que vela por nosotros. Estamos de paso en este mundo, pero el Señor nos acompaña.

Padre, no soy de este mundo, pero mientras transito en él, sé conmigo.

Somos forasteros, pero Dios nos acompaña.

40

Digno de confianza

Pero sin fe es imposible agradar a Dios, porque es necesario que el que se acerca a Dios crea que Él existe y que recompensa a los que le buscan.

Hebreos 11:6

Desde el comienzo de mi vida cristiana, sentí el fuerte deseo de servir al Señor. Tomé cursos bíblicos, aprendí inglés, me involucré en los ministerios de enseñanza y de música, y participé en campañas evangelísticas. Cuando se presentó la oportunidad, renuncié a mi trabajo y me enfoqué en el servicio.

Al regresar a mi familia y a los amigos que dejé, no encajaba en las conversaciones de quienes hablaban de altos salarios y de disfrutar una cuantiosa pensión. Pero el Señor es fiel. Él recompensa a quienes lo buscan. Puso en mi camino a personas que me orientaron y ahora disfruto de una pensión que es un gran regalo para mí.

Muchos tienen miedo de tener fe en el Dios de la Biblia. Piensan que Él va a pedirles cosas que les resultarán desagradables o les quitará algo que aman. ¡Qué lejos están de conocerle! Nuestro Dios es bueno y su voluntad para nosotros es agradable y perfecta. Solo pide que confiemos en Él.

Señor, te confío mi vida porque eres digno de eso.

La fe es recompensada.

41

La familia de la fe

Por lo cual no se avergüenza de llamarlos hermanos.

Hebreos 2:11

¿No te parece una familia un poco disfuncional? ¿Tú y yo somos hermanos del Señor Jesús, santo, perfecto, bueno? ¿Y qué podemos decir de nuestro Padre? ¿Uno que nos ama de modo incondicional? Quizá nos sentimos como el personaje Stitch, en la película de Disney, *Lilo y Stitch,* a quien quieren devolver por mala conducta. Pero Lilo, la niña, dice: *En nuestra familia nadie se deja atrás ni se olvida.*

El Padre nos adoptó por medio del sacrificio de Jesús. El Señor Jesús decidió rescatarnos. Dios no nos olvidó aunque quizá, como Lilo, hemos experimentado pérdidas significativas. Tal vez como ella hemos dicho: *Todos se van.* Podemos venir de una familia rota o disfuncional, pero Él no se avergüenza de llamarnos hermanos.

La pregunta quizá sea: ¿nosotros nos avergonzamos de Él? ¿Nos da miedo hablar de Su amor? ¿Quizá ocultamos nuestro árbol de fe de vez en cuando, pero es un privilegio pertenecer a la familia de la fe. Él no se avergüenza; nosotros tampoco lo hagamos.

Señor Jesús, qué honor que seas mi hermano.

Disfrutemos ser parte de la familia de la fe.

42

La solución perfecta

Pues la Escritura dice: Todo aquel que en él creyere, no será avergonzado.

Romanos 10:11

«Dios, estoy en tus manos», fueron las últimas palabras que pensó Joan Murray después de que su paracaídas principal y el de emergencia no abrieran. Sin embargo, no cayó sobre una cama de paja, sino en un nido de hormigas de fuego. No obstante, las picaduras que recibió le dieron tal descarga de adrenalina que su corazón se mantuvo funcionando hasta que llegó la ayuda.

Cuando Pablo escribió la carta a los romanos, planeaba visitarlos. Seguramente no imaginó que lo haría encadenado, pero confiaba en las palabras del profeta Isaías: «Todo aquel que en él creyere, no será avergonzado» (Romanos 10:11). En otras palabras, los que ponemos nuestra confianza en Dios, la Roca, no seremos sacudidos; estaremos tranquilos.

Así como Joan no fue defraudada, Dios también nos prepara situaciones que tal vez provoquen picaduras, pero que nos salvarán la vida. Él es Todo sabio. Responderá a tu oración y te dará la solución perfecta.

Gracias, Señor, porque nunca seré avergonzado.

La fe no defrauda.

43

LA FE POR JUSTICIA

Porque decimos que a Abraham le fue contada la fe por justicia.

ROMANOS 4:9

«Tienen que circuncidarse», decían los judíos creyentes. «Dios no puede dejar así tan fácilmente la señal de Su promesa», insistían. Pero Pablo les recordó que no era así. Les explicó: «La gente no es considerada justa por sus acciones sino por su fe en Dios». ¿Y qué de Abraham? Los judíos pensaban que por ser del linaje de Abraham heredaban su fe y por lo tanto su justicia.

Entonces Pablo les recordó: «Dios aceptó a Abraham antes de que fuera circuncidado, ¿recuerdan? Dios lo llamó a los setenta y cinco años, pero se circuncidó a los noventa y nueve, uno antes del nacimiento de Isaac. La circuncisión era una señal de que Abraham ya tenía fe». Los judíos titubearon.

Tardaron mucho en comprender que lel pueblo de Dios se componía de muchas lenguas y nacionalidades. Y, sobre todo, tuvieron que aprender que Abraham era el padre, no de una señal física, sino de aquellos que poseían la misma clase de fe que el patriarca tuvo.

Gracias, Señor, porque me aceptas, no por una señal física, sino por la fe.

Dios nos hace justos por la fe.

44

La señal de mi fe

Y recibió la circuncisión como señal, como sello de la justicia de la fe que tuvo estando aún incircunciso.
Romanos 4:11

Cuando la Alemania nazi invadía un país, pedía que se entregaran a los judíos que allí habitaban. Una manera de identificar a los varones era mediante la circuncisión. Abraham había recibido la orden divina de usar la circuncisión como señal de su fe y sus descendientes la adoptaron hasta el día de hoy.

Cuando Pablo escribió a los romanos, creyentes no judíos, les explicó que nosotros, los que no somos de descendencia hebrea, aunque no tenemos esa señal en nuestro cuerpo, hemos sido sellados con el Espíritu Santo de la promesa. Desde el momento en que creímos, el Señor marca nuestras vidas.

Vivimos momentos difíciles en los que, como en épocas pasadas, se persigue a los que seguimos a Jesús y sus enseñanzas. Pero traemos una marca imborrable que no podemos ni debemos esconder. No tengamos miedo ante la presión. Podrán destruir nuestro cuerpo, pero no nuestra alma y esta se encuentra segura en el amor de Dios.

Señor, que la señal del Espíritu Santo en mí sea vista por todos.

El Espíritu Santo es la señal de nuestra fe.

45

LAS PISADAS DE LA FE

...sino que también siguen las pisadas de la fe que tuvo nuestro padre Abraham antes de ser circuncidado.
ROMANOS 4:12

¿Cómo se siguen las huellas de alguien que caminó años atrás por el sendero que hemos elegido? Primero, observas el terreno. En algunas superficies cuesta ver las marcas. Por eso, la historia de Abraham en la Biblia nos presenta un terreno húmedo y blando que muestra las huellas con claridad. Segundo, determina la dirección. Las huellas nos orientan y las de Abraham nos dirigen a la patria celestial.

Tercero, analiza la profundidad. Sí, algunas pisadas fueron más firmes, como cuando se dirigió al monte a ofrecer a su hijo. Otras lucen más ligeras, como cuando se circuncidó. Están también las más profundas, como cuando rescató y cargó a Lot.

En cuarto lugar, encuentra pisadas adicionales. Algunas se desviaron del camino, como cuando mintió en Egipto o engañó a Abimelec. Esas no las debes seguir. Finalmente, sigue las pisadas con cuidado. Muévete despacio, no hay prisa. El camino de la fe requiere tiempo, recuerda que si las pierdes de vista, siempre puedes volver a dónde las perdiste.

Espíritu Santo, guíame en los pasos de la fe.

Sigamos las pisadas de fe de Abraham.

46

En las mejores manos

Por la fe Abraham, cuando fue probado, ofreció a Isaac.
Hebreos 11:17

Mary se sintió atrapada. Se encontraba en el último mes de embarazo, pero no tenía cómo mantener a su bebé y la situación familiar de violencia que vivía la atemorizaba. Así que decidió darlo en adopción y lo puso en manos de una amorosa familia. La separación le dolió profundamente, pero consideró que era lo mejor.

Abraham seguramente también sufrió con cada paso que dio rumbo al monte Moriah. Dios le había pedido a su hijo y Abraham sabía que no podía negarse. Tenía fe de que no había lugar mejor para Isaac que bajo la custodia de Dios y, en el fondo, estaba seguro de que Dios podía resucitarlo.

En cierto modo, todos los que somos padres también reconocemos que nuestros hijos son un préstamo. ¿A quienes se los entregamos? ¿A grupos delincuentes? ¿A las redes sociales? ¿A instituciones educativas? ¿A extraños? Pongamos a nuestros hijos en las mejores manos: las que crearon el universo. ¡Qué mejor inversión que ver a nuestros hijos crecer amando al Señor!

Te entrego a mis hijos, Señor.

La fe tiene que ser probada.

47

Una fe completa

¿No ves que la fe actuó juntamente con sus obras,
y que la fe se perfeccionó por las obras?
Santiago 2:22

¿Qué fue primero: el huevo o la gallina? Para los evolucionistas la pregunta amerita una respuesta. Pero para los que creemos en Dios sabemos que no hay contradicción. Dios creó los dos. En otras palabras, no puede haber gallinas sin huevos, ni huevos sin gallinas.

Quizá nos preguntemos, en algunas ocasiones, qué es primero: la fe o las obras. Nuevamente, no hay contradicción. La fe y las obras van de la mano. El apóstol Santiago lo explica con claridad: Abraham fue declarado justo ante Dios por sus acciones. ¿Cuándo? Cuando ofreció a su hijo Isaac sobre el altar.

Nuestras acciones hacen que nuestra fe sea completa. Por ejemplo, ver a alguien en necesidad y no hacer algo al respecto no sirve de nada. La fe así no es suficiente; se convierte en algo inútil. Tampoco podemos decir que algunos tienen fe y otros solo hacen buenas acciones. Las dos actúan en conjunto. ¿Es posible ser fiel a Dios sin hacer lo bueno?

Señor, que mis acciones muestren mi fe y viceversa.

La fe actúa.

48

EL MEJOR AMIGO

Y se cumplió la Escritura que dice: Abraham creyó a Dios, y le fue contado por justicia, y fue llamado amigo de Dios.

SANTIAGO 2:23

Zhang Ze es un niño chino que padece una distrofia muscular que le impide caminar. Cuando conoció a Xu Bingyang, la amistad entre ambos creció al punto de que Xu Bingyag ha llevado por seis años a Zhang Ze sobre su espalda para ir a la escuela. ¡Qué gran amigo!

Abraham también tuvo un buen amigo. La Biblia nos dice que «fue llamado amigo de Dios» (Santiago 2:23). ¿Qué hizo Dios por él? Cargarlo sobre la espalda en sus buenos y malos días. Lo llevó de Ur a Canaán, de ciudades grandes a carpas en el desierto, del valle de la comodidad al monte de la prueba. ¿Y qué hizo Abraham por su amigo? Lo mismo que Zhang Ze: confió que Dios lo sostendría.

Jesús también, como mejor amigo, dio su vida por nosotros. Y ahora espera que hagamos lo que nos manda, como hacen los amigos. ¿Te has abandonado en los brazos del mejor amigo que podrás tener en tu vida?

Quiero ser tu amigo, Señor.

La fe nos hace amigos de Dios.

49

Fe y paciencia

Entonces Abraham esperó con paciencia y recibió lo que Dios le había prometido.
Hebreos 6:15

¿Puedes imaginarte a Batman sin Robin o a Scooby Doo sin Shaggy? Del mismo modo, en Hebreos 6 se nos habla de un par inseparable: fe y paciencia. ¿Por qué las dos son importantes? ¿Por qué se necesitan la una a la otra?

La fe dice «sí», a algo superior que es la vida en Cristo. La paciencia dice «no» a lo que no trasciende. Se necesita fe para entrar en la carrera hacia Dios, pero sin paciencia, no podemos terminar la carrera. El Señor nos invita a imitar a aquellos que tienen fe y muestran perseverancia, como hizo Abraham.

Él creyó en las promesas de Dios, y aun cuando se le pidió el hijo de la promesa, no dudó en subir el monte y obedecer las instrucciones. Lo vemos esperando un milagro, el que sin duda sucedió cuando volvió a bajar la ladera del monte en la tierra de Moriah con su hijo al lado. Por eso, aquí hay otro par inseparable: Abraham e Isaac, padre e hijo, quienes aprendieron a ejercitar su fe y su paciencia.

Padre, quiero imitar la fe y la paciencia de Abraham.

La fe y la paciencia son inseparables.

50

¿DIFÍCIL O IMPOSIBLE?

He aquí que yo soy Jehová, Dios de toda carne; ¿habrá algo que sea difícil para mí?
JEREMÍAS 32:27

Un niño de doce años nadó a mar abierto la distancia de cuarenta kilómetros (aproximadamente veinticinco millas) que separan Santa Lucía y Martinica. Deseaba recaudar fondos para la lucha contra el cáncer de seno, enfermedad que padecía su madre. Antes de él, solamente dos adultos habían hecho esa travesía tan peligrosa y, aunque los últimos kilómetros fueron los más difíciles para Christopher Maleau, lo logró.

Para nosotros quizá nadar ese tramo sería difícil, pero no imposible. Sin embargo, hay cosas que están fuera de nuestro alcance. No podemos crear el universo, ni soportar el pecado de la humanidad, ni resucitar muertos. Pero todo esto lo puede hacer Dios y por eso nos pregunta: «¿Habrá algo que sea difícil para mí?» (Jeremías 32:27). La respuesta es: ¡no!

Hay esperanza para la vida caótica que tienes. ¡Dios es especialista en lo difícil! Si no tienes fe en que Él puede hacer lo imposible, lo estás subestimando y quizá no conoces bien al Dios de la Biblia.

Reconozco, Señor, que todo lo puedes.

La fe nos lleva a experimentar milagros.

51

LOS CÁLCULOS Y LA FE

...pensando que Dios es poderoso para levantar aun de entre los muertos, de donde, en sentido figurado, también le volvió a recibir.

HEBREOS 11:19

En Matemáticas, decimos que todo cuadra cuando los números coinciden. Cuadramos algo cuando permitimos que algo encaje bien. Encontramos la forma para resolver un problema y usamos el pensamiento para hallar soluciones.

La palabra «pensar» en Hebreos 11:19 tiene por raíz el cálculo numérico que se usaba para decir que las cosas tenían sentido. Los antiguos contadores utilizaban la frase para sumar. Así que, cuando Dios le pidió a Abraham que sacrificara a su hijo Isaac, Abraham consideró el carácter de un Dios íntegro y verdadero, luego añadió sus promesas y después de analizar todo concluyó que Dios cumpliría.

Si Dios nos pide algo descabellado, como perdonar al conductor ebrio que atropelló a un ser querido o compartir buenas noticias con un grupo que no nos aprecia. Consideremos lo que Dios nos pide y como Abraham, estemos dispuestos a obedecer pues sabemos que, en los cálculos de Dios, todo cuadra.

Dios, eres poderoso para cumplir tus promesas.

La fe «cuadra».

52

Ante un tsunami

Le dijo Jesús: Yo soy la resurrección y la vida; el que cree en mí, aunque esté muerto, vivirá.

Juan 11:25

Dos semanas antes de irse de vacaciones con su familia a Tailandia, Tilly Smith había visto un video sobre los *tsunamis* en su clase de geografía. Mientras disfrutaba de la playa, vio que el comportamiento del mar era muy parecido al del video y alertó al guardia de seguridad del hotel. Toda la gente de esa playa escapó, gracias a que oyeron a Tilly y se apresuraron a huir.

No sabemos cuándo vendrá el *tsunami* llamado muerte. Tilly y sus compañeros escaparon físicamente, pero para huir de la muerte eterna solo existe una forma: conocer al *Yo Soy* que nos promete que si creemos en Él, aunque estemos muertos, viviremos (Juan 11:25).

La única condición es tener fe. Cuando nuestras vidas se vean amenazadas por los muchos desastres alrededor, reales y emocionales, recordemos que Jesús ha vencido la muerte. Él es la resurrección y la vida y nos puede salvar de algo más grande que un *tsunami*.

Señor, ¡sálvame!

Dios nos da vida eterna por medio de la fe.

53

COSAS PASADAS Y VENIDERAS

Por la fe bendijo Isaac a Jacob y a Esaú respecto a cosas venideras.
HEBREOS 11:20

Veinte años habían pasado y la historia de su padre Abraham se repetía. La esposa de Isaac, Rebeca, no podía tener hijos. ¿Qué hizo entonces? Rogó por ella y quedó embarazada. ¿Cómo supo Rebeca que tendría mellizos? Cuando los niños lucharon dentro de su vientre, consultó al Señor y Él le dijo que dos naciones rivales vivían dentro de ella, pero el mayor serviría al menor. ¿Le contó Rebeca a Isaac esta revelación?

Muchos años más tarde, Jacob engañó a su padre y robó la bendición de su hermano mayor. Isaac ya había envejecido y no veía bien. Sin embargo, cuando se dio cuenta del engaño era demasiado tarde. ¿Se acordó entonces de lo que Dios le había dicho a Rebeca muchos años atrás?

Isaac reconoció que lo que Dios había decretado desde antes que los niños nacieran, sucedería. ¿Has olvidado las promesas del Señor? ¿Has querido ignorar o descartar sus propósitos porque no se alinean a los tuyos? Trae de vuelta a tu memoria Su Palabra y, por fe, planea tu futuro.

Dios Soberano, lo que has dicho se hará.

Por fe confiamos que lo que Dios dice será.

54

Olor a Cristo

Y Jacob se acercó, y le besó; y olió Isaac el olor de sus vestidos, y le bendijo, diciendo: Mira, el olor de mi hijo, como el olor del campo que Jehová ha bendecido.

Génesis 27:27

Cada persona tiene un olor exclusivo, muy específico. Cuando abrazo a mis sobrinos o tomo un bebé en mis brazos, me encanta sentir su olor. Una vez perdí una playera y mi compañera de cuarto la encontró. Le pregunté cómo sabía que era mía y me dijo: «Por tu olor».

El olfato de Isaac se había agudizado debido a su ceguera. Como no podía ver, la única manera de asegurarse que su hijo consentido, Esaú, estaba frente a él, era oliéndolo. Eso hizo y así Jacob lo engañó, pues usó las ropas de su hermano mayor.

Sin embargo, a Dios no lo engañamos. Delante de Él olemos a «pecado». Entonces llega nuestro hermano mayor, Jesús, y nos presta sus ropas, del aroma a sacrificio. Cuando nos vestimos de Él, podemos acudir al Padre y ser perdonados. ¡Qué maravillosa comparación! Que Dios perciba el olor de Jesús en nosotros.

Quiero oler a Ti, Señor Jesús.

La fe nos da el aroma de salvación.

Mala hierba

Cuando te fortalezcas… descargarás su yugo de tu cerviz.
Génesis 27:40

Las malas hierbas crecen sin nuestro consentimiento. Se trata de plantas pequeñas que no sembramos intencionalmente y no esperamos ver en nuestro jardín. Pero, de algún modo, sus semillas llegaron a nuestro terreno y echaron raíces. Así que, la única manera de deshacernos de ellas consiste en arrancarlas de inmediato.

En el corazón también pueden crecer las semillas del resentimiento provocado por las heridas emocionales. Hebreos 12 nos dice que Esaú fue presa de las raíces venenosas de la amargura y, aun cuando quiso recibir la bendición de su padre con lágrimas, solo recibió la promesa de que cuando se fortaleciera se libraría del yugo del menor.

La fe puede ahogarse entre las hierbas de la venganza y la falta de perdón. Las malas semillas llegarán tarde o temprano cuando sintamos celos y envidia contra otros; de nosotros depende dejarlas crecer o arrancarlas antes de que se extiendan.

Señor, que no me estorbe ni me contamine la amargura.

La fe no crece a la par de la amargura.

56

¿Solo o con Jesús?

Por la fe Jacob, al morir, bendijo a cada uno de los hijos de José, y adoró apoyado sobre el extremo de su bordón.
Hebreos 11:21

En su lecho de muerte, un anciano le pidió a Sandra Clarke, su enfermera, que lo acompañara en sus últimos momentos. Ella le prometió regresar después de revisar a sus otros pacientes, pero cuando volvió, el hombre ya había fallecido y Sandra sintió muchísima tristeza. Por eso, fundó el programa «Nadie Muere Solo», que recluta a voluntarios para acompañar a personas agonizantes.

Jacob pensaba que volvería a ver a su hijo José en la eternidad. Había experimentado la fidelidad de Dios en su vida muchas veces y se aferraba a su fe, pero añoraba a José. Dios lo sorprendió al reunirlo no solo con su hijo, sino con sus nietos también. ¡Hasta pudo bendecirlos!

Todos tenemos miedo de morir solos. Que Dios nos conceda, como a Jacob, morir rodeados de nuestros seres queridos. Pero si eso no sucediera, recordemos que jamás estaremos solos.

Señor, estás conmigo siempre.

Por fe nunca estaré solo.

57

El ejemplo de Jacob

Y José le juró. Entonces Israel se inclinó sobre la cabecera de la cama.
Génesis 47:31

Si bien quisiéramos que nuestras vidas se parecieran a la de Abraham, quizá nos identificamos más con Jacob, el hijo de Isaac que robó la primogenitura, que engañó a su suegro y que no ganó el premio al mejor esposo ni al mejor padre. Vivió sus últimos años en Egipto, lejos de su tierra.

Allí sintió que sus días llegaban a su fin, pero pidió primero ver a su hijo José, el consentido, el que salvó a la familia. ¿Qué le pidió? Una sola cosa: ser enterrado en el mismo lugar que sus padres Abraham e Isaac. Jacob se aferró a la promesa del Eterno por una tierra propia.

Cuando José juró hacerlo, Jacob descansó. Otras versiones nos explican que se inclinó para adorar y agradeció la gracia de Dios. No sabemos cómo terminarán nuestros días o si viviremos con tanto tumulto como Jacob. Pero él, por la fe, murió y creyó que se cumpliría lo que Dios había dicho: que su descendencia prosperaría. Creamos que Dios nos llevará también a la Tierra Prometida.

Señor, hoy me inclino y adoro tu nombre.

La fe adora.

58

TUERCA JESÚS

Así que, ofrezcamos siempre a Dios, por medio de él, sacrificio de alabanza, es decir, fruto de labios que confiesan su nombre.

HEBREOS 13:15

¿Sabías que hay un modelo de helicóptero que tiene una tuerca a la que se le llama «tuerca Jesús»? Con ella se fija el rotor al eje y si se desprende, las aspas se separarán del helicóptero y sufrirá una caída inminente. Los soldados americanos en la guerra de Vietnam le pusieron ese nombre porque de esa pieza dependía su vida y el éxito de la misión.

Jesús también es la pieza clave de toda existencia. Sin Él, nuestras vidas se desprenden. Así que alabar es hablar bien del otro; es decir lo que significa para nuestras vidas. En otras palabras, alabamos cuando le ponemos nombre a esa tuerca que nos ha salvado la vida. Es un sacrificio porque, como aquellos soldados, vemos al Señor en los momentos difíciles también.

¿Qué tan a menudo mencionas el nombre de Jesús en tu día a día? ¿Te detienes para confesar su nombre y hablar de Él con otros? ¿Tienes algo que te recuerde a alabarle?

Señor, que mi boca siempre confiese tu nombre y te alabe.

La fe sabe que Jesús es la pieza clave.

59

MÁS ALLÁ DE LAS PIRÁMIDES

Por la fe José, al morir, mencionó la salida de los hijos de Israel, y dio mandamiento acerca de sus huesos.
HEBREOS 11:22

Quizá naciste en un pueblo pequeño y desconocido, pero de pronto terminaste en una de las capitales del mundo, sea Washington, Buenos Aires o París. De repente tu nombre está en todos los titulares, pero en el fondo añoras la tierra que te vio nacer.

Eso le pasó a José. A pesar de ocupar uno de los puestos más altos de sus tiempos y merecer toda la pompa funeraria egipcia, le rogó a su familia que trasladara sus restos a la tierra de sus padres, donde ni siquiera había ciudades para ese momento.

José experimentó lo que C.S. Lewis explica: *Si encuentro en mí mismo un deseo que nada de este mundo puede satisfacer, la explicación más probable es que fui hecho para otro mundo*. Nada en este Egipto puede suplantar al Edén y la comunión íntima con Dios para la que fuimos creados. Aprendamos de José y no olvidemos que no somos de este mundo, sino que el verdadero hogar nos espera más allá de la muerte.

Señor, anhelo tu presencia.

La fe nos recuerda que esperamos el verdadero hogar.

60

Un lugar insólito

Y enterraron en Siquem los huesos de José,
que los hijos de Israel habían traído de Egipto.
Josué 24:32

En Longyearbyen, un pueblo dentro del Círculo Polar Ártico y uno de los lugares más fríos de la tierra, la temperatura llega al grado que es imposible cavar para enterrar un cuerpo. Por esa razón, los moribundos son trasladados a territorio continental, donde fallecen y son sepultadas.

Los huesos de José viajaron una distancia enorme. Moisés los sacó de Egipto y peregrinaron cuarenta años en el desierto, hasta que después de la conquista, Josué ordenó que se enterraran según las instrucciones de su ancestro. Lo que José había visto por medio de la fe se cumplió.

Existe una promesa maravillosa: «No todos dormiremos; pero todos seremos transformados, en un momento, en un abrir y cerrar de ojos, a la final trompeta; porque se tocará la trompeta, y los muertos serán resucitados incorruptibles, y nosotros seremos transformados» (1 Corintios 15:52). Por la fe, podemos ver al futuro y anhelar la resurrección. Dios redimirá por completo nuestro ser entero.

Señor, gracias por la promesa de la resurrección.

La fe mira a la resurrección.

61

Bebés hermosos

Por la fe Moisés, cuando nació, fue escondido por sus padres por tres meses, porque le vieron niño hermoso, y no temieron el decreto del rey.

Hebreos 11:23

Recuerdo bien la primera vez que vi a mi hijo recién nacido. Lo vi hermoso, precioso, perfecto. Ningún bebé que acaba de salir del vientre luce como un comercial, sin embargo, ¿cómo no maravillarnos ante una nueva vida y un cuerpo tan diminuto pero completo?

Amram y Jocabed vieron a Moisés, su tercer hijo, y sus entrañas se removieron. Ahí estaba una criatura indefensa, pero bella, y el escritor nos dice que no temieron el decreto del rey. ¿Cuál fue el secreto? Su fe. Fe en que Dios los sacaría adelante y de algún modo protegería a su hijo.

En ese momento no supieron cómo sucedería o cómo lograrían evadir a los soldados. Durante tres meses quizá no durmieron bien por el miedo a que el bebé delatara su presencia. Aun así, confiaron más allá de todo y valoraron la vida de otro ser humano por encima de la propia.

Señor, dame la fe que necesito para defender la vida de los más indefensos.

La fe protege al más pequeño.

62

La mejor técnica

En aquel mismo tiempo nació Moisés, y fue agradable a Dios; y fue criado tres meses en casa de su padre.

Hechos 7:20

Un niño nació con solo el brazo derecho. Cuando creció, sus padres lo llevaron a clases de judo. Durante dos años el entrenador le enseñó una sola técnica. Pronto, el entrenador lo inscribió a un torneo y el niño ganó todos los combates. «¿Cómo pude ganar con una sola técnica?», preguntó el niño. «Era la única que necesitabas», contestó el entrenador.

Moisés tenía tres meses cuando fue adoptado por la hija del Faraón. No sabemos cuánto tiempo estuvo al cuidado de su madre, pero ella sabía que tenía que aprovechar el tiempo porque, un día, el niño regresaría al palacio egipcio. ¿Qué fue lo que Moisés aprendió mientras estuvo con su familia? Una sola técnica: la historia de Dios.

Los niños no necesitan más juguetes o más clases extracurriculares. Los niños necesitan lo que Jocabed y Aram le dieron a su hijo: amor incondicional, fe auténtica y esperanza profunda.

Señor, que pueda dar a las nuevas generaciones lo importante.

La fe me ayuda a vencer.

63

Primeros días

El Señor es mi ayudador; no temeré lo que me pueda hacer el hombre.
Hebreos 13:6

Si tienes hijos, quizá recuerdes los primeros días con tu primogénito en casa. ¿Dónde dormir al bebé? Cerca de ti, por supuesto. Muchas de las historias de terror quizá rondaban nuestras mentes. «No dejes que se ahogue. Que no se lastime. Que respire». Quizá escuchamos una que otra tragedia y esto nos volvió más paranoicos.

Cuando mudamos al bebé a su propia habitación, ante el primer llanto, salíamos disparados para verlo. Hasta que no verificábamos que todo marchaba bien, no podíamos volver a la cama. No sin antes revisar una vez más que todo estuviera en orden. Así pasaron los años y, todavía hoy, con hijos adultos, cuando ellos llaman a la hora que sea, nos encontramos dispuestos a acudir en su auxilio.

La palabra «ayudador» en este versículo es alguien que corre ante el grito de emergencia de alguien más. Cuando el Dios del universo se digna a «correr» para vigilar que estemos bien, ¿acaso temeremos las amenazas de hombres mortales?

Mi Ayudador, gracias.

Confiamos en un Dios atento a nuestras necesidades.

64

Príncipe o esclavo

Por la fe Moisés, hecho ya grande,
rehusó llamarse hijo de la hija de Faraón,
Hebreos 11:24

Un hombre japonés de 60 años demandó al hospital en el que nació porque supo que había sido intercambiado por otro bebé. Su familia biológica tenía riquezas y a él lo crio una madre soltera con carencias. Las pruebas de ADN confirmaron su origen y recibió una compensación de 38 millones de yenes.

Moisés, por el contrario, sabía cuál era su verdadera familia y prefirió renunciar a la opulencia y regresar a los suyos. Había razones más poderosas que el dinero y la comodidad: la fe en las promesas de Dios. La posición que tendría entre su pueblo era más grandiosa que ser un príncipe. Hasta hoy, Moisés es considerado grande entre el pueblo judeocristiano.

La fe en las promesas de Dios no solo cambia nuestra posición en la sociedad, también lo hace ante Dios. Él ahora nos considera reyes y sacerdotes. ¿Cómo te conocen los que te rodean? ¿Te respetan como un rey y sacerdote del Dios Altísimo?

Yo quiero representarte como rey y sacerdote, Señor.

La fe nos da una nueva posición.

65

Dos opciones

...escogiendo antes ser maltratado con el pueblo de Dios, que gozar de los deleites temporales del pecado.
Hebreos 11:25

Ricardo se enfrentó a dos opciones. Sus amigos le ofrecieron una velada inolvidable que incluía una sustancia prohibida. Le prometieron que todo se vería más luminoso y experimentaría todo como nunca. ¿La otra opción? Ser un paria social y perder su popularidad.

Moisés se enfrentó a dos opciones también. Por un lado, tenía todos los deleites de Egipto, que probablemente iban desde hermosas esclavas, vino en abundancia, así como poder y autoridad. Por otro lado, estaba liberar a su pueblo de la esclavitud y el desprecio. Eligió lo segundo.

Ricardo, tristemente, eligió mal. Con el tiempo se hizo dependiente de sustancias nocivas que lo llevaron a depresión, ansiedad y daños cerebrales permanentes. Prefirió el placer temporal a un rechazo que, a la larga, quizá le hubiera traído más amigos y satisfacciones. Tristemente, sus decisiones le acarrearon graves consecuencias. ¿Qué elegimos hoy?

Padre, ayúdame a escoger sabiamente como Moisés.

Una hora de placer puede conducir a una vida de remordimiento.

66

Nombres

Pero Abraham le dijo: Hijo, acuérdate que recibiste tus bienes en tu vida, y Lázaro también males; pero ahora este es consolado aquí, y tú atormentado.

Lucas 16:25

¿Cómo elegiste los nombres de tus hijos? ¿O de tu mascota? ¿O de tu juguete preferido? Los nombres importan. Los nombres describen y marcan una diferencia en las vidas de las personas.

Jesús contó una historia sobre un hombre rico y un pordiosero llamado Lázaro. Si bien podemos aprender mucho de esta parábola, pensemos en una sola. No se menciona el nombre del rico. Cuando no conocemos a la persona, decimos que es un tipo o un fulano. Sin embargo, sabemos que el otro hombre se llama Lázaro, una variante de Eleazar y que significa «al que Dios ayuda».

Quizá en vida nadie pensó en Lázaro, pero Dios estuvo con Él. Dios lo conocía y lo llamó por su nombre. Quizá muchos se olvidaron del nombre de Lázaro, pero Dios no. Cuando el tiempo llegó, lo llamó a su presencia. Desde hoy elijamos una relación con Dios que seguirá en la eternidad.

Quiero estar a cuentas contigo, Señor.

La fe nos da una relación con Dios.

67

La tumba de Tutankamón

...teniendo por mayores riquezas el vituperio de Cristo que los tesoros de los egipcios; porque tenía puesta la mirada en el galardón.

Hebreos 11:26

En 1922, se descubrió la tumba de Tutankamón llena de tesoros, como una máscara funeraria de oro y piedras semipreciosas, un trono dorado y dagas de hierro forjado. Curiosamente, la mayoría de los egipcios vivía en la pobreza.

Los hebreos, los compatriotas de Moisés, sufrían como esclavos. Moisés tampoco sabía que un día Cristo, el Hijo de Dios, sufriría la deshonra, el oprobio y la vergüenza a manos de sus enemigos. ¿Qué le hizo entender que tenía más valor el sufrimiento con los suyos que gozar de la riqueza egipcia? Que puso la mirada en el lugar correcto.

Por la fe, Moisés entendió que había una recompensa por confiar en un Dios invisible, pero real. Decidió entonces renunciar a su posición en la corte de faraón a cambio de ser un fugitivo. ¿Sencillo? Realmente no. Pero cuando conocemos al Dios detrás del galardón comprendemos que las riquezas de los sufrimientos de Cristo valen mucho más.

Señor, ayúdame a poner mis ojos en el lugar correcto.

La fe mira lo eterno.

68

FALSO TESORO

Porque donde esté vuestro tesoro,
allí estará también vuestro corazón.
MATEO 6:21

¿Sabías que existen los tesoros falsos? En un lujoso yate, se encontró una pintura que se le atribuía a Leonardo da Vinci. Costó 450 millones de dólares, pero se descubrió que no pertenecía al pincel del maestro sino, probablemente, a uno de sus discípulos. Alguien gastó una fortuna en una mentira.

Así como Moisés tuvo que distinguir entre los tesoros falsos de Egipto y el galardón verdadero del Señor, nosotros también debemos hacerlo. ¿Cómo descubrirlos? ¿Cómo saber que algo no durará para siempre? ¿Recuerdas el primer mandamiento? «No tendrás dioses ajenos delante de mí» (Éxodo 20:3). Cualquier cosa que esté en el lugar que a Dios le corresponde es un ídolo, por lo tanto, algo que desaparecerá.

El Señor Jesús nos exhorta a amar a Dios con todo el corazón, toda el alma, la mente y con todas las fuerzas. ¡Él debe ser nuestro tesoro! Nuestro corazón debe estar puesto en Él. No gastes tu vida en un tesoro que tarde o temprano verás que no es verdadero.

Señor, te pido que seas mi tesoro.

La fe nos guía al verdadero tesoro.

69

El mejor objetivo

Porque es necesario que todos nosotros comparezcamos ante el tribunal de Cristo.
2 Corintios 5:10

Solo el 8% de las personas logran sus objetivos, según un estudio de la Universidad de Scranton. ¿Qué desea la gente? Bajar de peso, ganar más dinero, leer más.

Sin embargo, deberíamos imitar a Moisés, que tuvo un objetivo claro y por eso miraba hacia el galardón. ¿Y cuál era su objetivo? El que menciona Pablo: «Nuestro objetivo es agradarle a Él» (2 Corintios 5:10, NTV). Esta meta le dio las fuerzas para renunciar a ser hijo de la hija del faraón y elegir ser maltratado antes que disfrutar los placeres momentáneos del pecado.

Imagina cómo sería tu día a día si cada decisión se volcara en agradar a Dios; si a cada paso te preguntaras: «Esto qué haré, ¿le gustará a mi Señor?» Cuando aprendamos a vivir así, no tendremos temor del futuro y de pararnos delante del Señor en el día del juicio. Que nuestro objetivo más grande en la vida sea solo uno: agradar a nuestro Padre.

Santo Señor, no quiero más en esta vida que serte agradable.

La fe busca agradar a Dios.

70

Jesús nos sostiene

Por la fe dejó a Egipto, no temiendo la ira del rey; porque se sostuvo como viendo al Invisible.

Hebreos 11:27

Max McKee, de dos años, fue encontrado inconsciente en el fondo de la piscina de su abuela. Mientras los paramédicos lo resucitaban, su hermano mayor oraba que el Señor ayudara a su hermanito. El niño se recuperó sin secuelas y después de unos días Max contó que cuando estaba en el fondo de la piscina, no tenía miedo porque Jesús lo sostenía. Inocentemente, preguntó por qué Jesús tenía heridas en las manos y en los pies.

El libro de Éxodo no da detalles de lo que Moisés sentía cuando huyó de la presencia de Faraón, pero Dios nos aclara en Hebreos que se sostuvo como viendo al Invisible. Moisés, actuó con fe, siguió firme en su camino y no se rindió.

Seguramente, recuerdas ocasiones cuando sentiste la presencia de Dios en medio de una situación angustiante y eso te dio valor. El Señor sigue siendo fiel a sus hijos y nos hace sentir su presencia en los momentos de más tinieblas como a Max. Demos gracias por ello.

Señor, te alabo porque, aunque no te veo, estás aquí.

La fe nos hace sentir Su presencia.

71

Nuevos anteojos

Porque por fe andamos, no por vista.
2 Corintios 5:7

Leí un cuento en el que existían unos lentes especiales. Cuando los usabas veías a las personas con rostros de animales que mostraban sus características internas. De ese modo, un político lucía como un cruel lobo, una doctora como una dulce oveja, el banquero como un rapaz buitre y una niña como una paloma.

En la vida cristiana contamos también con unos anteojos especiales, los de la fe. En otras palabras, «vivimos por lo que creemos y no por lo que vemos» (2 Corintios 5:7, NTV). Más que ver coyotes o leones, evaluamos nuestras circunstancias bajo la lupa del gran plan de Dios. Esto nos hace vivir confiados pues logramos ver más allá de lo temporal y visible.

Ante cada suceso y decisión nos preguntamos si las consecuencias serán eternas o temporales; si estamos segando para nutrir nuestra relación con Dios o para alimentar nuestro ego. Si notamos que algo en nuestra visión está fallando, acudamos a la óptica de la Palabra de Dios para aumentar nuestra graduación y ver lo que verdaderamente importa.

Dios Invisible, no te puedo ver, pero confío en ti.

Caminamos guiados por la fe, no por lo que vemos.

72

NUESTRO RECORRIDO

Por la fe celebró la pascua y la aspersión de la sangre, para que el que destruía a los primogénitos no los tocase a ellos.

HEBREOS 11:28

¿Cómo habría sido aquella noche de la primera pascua? ¿Se oía el llanto de las familias que perdían a sus primogénitos? ¿Temblaban de miedo los israelitas mientras comían apresuradamente hierbas amargas? ¿Miraban de reojo lo que habían empacado, dispuestos a salir? Algo, sin embargo, era contundente: las puertas marcadas por la sangre.

Los israelitas confiaban en la sangre de un cordero para que sus primogénitos no fueran asesinados. Su vida entera dependía de ese sacrificio y, hasta el otro día, supieron que habían sido librados de la muerte. Ahora sí estaban listos para dejar Egipto y comenzar su recorrido a la Tierra Prometida. Y todo eso en fe.

Del mismo modo, no podemos comenzar nuestro recorrido a la eternidad sin poner nuestra fe en el Cordero de Dios, Jesucristo. Se necesita su sangre en la puerta de nuestro corazón para sellarnos y librarnos de la muerte eterna. En el camino encontraremos oposición, pero no hay nada más extraordinario que saber que tenemos vida eterna.

Señor, celebro que el Cordero de Dios murió por mí.

Por la fe tenemos salvación por Su sangre.

73

El mejor amigo del hombre

...porque nuestra pascua, que es Cristo, ya fue sacrificada por nosotros.
1 Corintios 5:7

Aunque no se ponen de acuerdo en cómo se originó la frase «el perro es el mejor amigo del hombre», en un caso judicial en Estados Unidos, un abogado declaró que el único amigo no egoísta que el hombre puede tener en este mundo es su perro. Aunque amo mucho a los perros, debo admitir, con toda honestidad, que no es del todo cierto.

Tengo amigos muy queridos y apreciados que me dan algo que no me puede dar mi mascota. Con ellos puedo intercambiar opiniones, aunque no compaginemos y recibir de ellos también consejos y regaños. Con ellos me puedo comunicar porque hablamos el mismo idioma.

De modo similar, los corderos que se ofrecían en el Antiguo Testamento no podían sustituirnos del todo; se requería un Cordero, alguien que tomara nuestro lugar. Jesús fue completamente Dios y completamente hombre, aunque sin pecado, y por eso pudo ocupar nuestro sitio y limpiarnos de todo pecado.

Tú eres el Cordero de Dios que quita el pecado del mundo.

Jesús es nuestra Pascua.

74

Dominar el mar

Por la fe pasaron el Mar Rojo como por tierra seca; e intentando los egipcios hacer lo mismo, fueron ahogados.
Hebreos 11:29

El libro *La tormenta perfecta* describe la tormenta del siglo que sucedió en 1991. Las reseñas dicen: *Aunque nunca haya estado en una tormenta en alta mar, el relato... te hará sentir el mismo temor*. Otro describe *la gigantesca fuerza de los vientos huracanados y el volumen inconcebible de las olas de más de treinta metros*. Todo lo que Junger cuenta es terrorífico y real. ¡El mar puede ser peligroso!

¿Qué pensaron entonces los hebreos cuando vieron que su única salida era el agua? Necesitaban ayuda, así que el Señor, triunfante, permitió que Moisés con más de seiscientos mil hombres, mujeres y niños, atravesaran el Mar Rojo. El mar los dejó pasar en seco, pero se mostró cruel con los egipcios.

Unos siglos después, las aguas recibieron la orden de callar. Jesús lo hizo y luego reprendió a sus discípulos por su poca fe. ¿Qué milagro necesitas en tu vida? ¿Un mar que se abra, una tormenta que se aquiete o una roca que te dé un manantial? El Señor puede hacerlo. La pregunta es: ¿tenemos fe?

Quiero depositar en Ti mi fe, Señor.

Tengamos fe en que Dios hace milagros.

75

Muros que caen

Por la fe cayeron los muros de Jericó
después de rodearlos siete días.
Hebreos 11:30

Las excavaciones arqueológicas confirman que la antigua ciudad de Jericó tenía muros fortificados. Sin embargo, la ciencia no ha podido explicar cómo cayeron esos muros. ¿Fue un terremoto? ¿Lograron los gritos provocar la resonancia que debilitó la muralla? Los estudios inconclusos nos llevan a la carta a los Hebreos.

Sucedió por fe. De hecho, la mención inmediata de los siete días de rodear las murallas nos invita a pensar que la fe estuvo en el acto de marchar. Los israelitas seguramente tenían muchas preguntas en su mente. Todo tuvo un propósito, pero ellos debían confiar y obedecer.

Si hubo un temblor en el proceso, sucedió en el momento exacto, lo que es un milagro. Si la resonancia tuvo que ver, un Maestro muy sabio lo orquestó todo. Cuando queramos que las murallas caigan, recordemos que nos toca a nosotros obedecer las instrucciones de Dios, aunque de momento no tengan mucho sentido.

Señor de los ejércitos, confío en tus planes de batalla.

La fe sigue las órdenes del General.

76

ARMAS CELESTIALES

Porque las armas de nuestra milicia no son carnales, sino poderosas en Dios para la destrucción de fortalezas.
2 CORINTIOS 10:4

Los años pasan y las guerras no cesan, sino que aumentan. Todavía peor, se han diseñado armas cada vez más mortíferas. De armas simples como piedras, palos y objetos punzocortantes, pasamos a armas de fuego, cañones, tanques de guerra y hasta la destructora bomba atómica.

Pero los creyentes tenemos otras armas: la verdad, la justicia, la predicación del evangelio, la fe como escudo, la salvación, la Palabra de Dios y la oración, entre otras. Podemos formar parte de la lista de los grandes héroes de la fe si usamos las armas espirituales correctamente. Los israelitas no tenían muchas armas, pero derribaron un muro. Nosotros tenemos un arsenal a nuestra disposición.

Oremos con insistencia, amemos con profundidad, sirvamos con humildad, anunciemos la verdad, encomendemos la obra al Señor y derribaremos fortalezas.

¡Ayúdame a pelear con tus armas, Señor!

Nuestra fe es un arma poderosa.

77

La guerra más fiera

...derribando argumentos y toda altivez que se levanta contra el conocimiento de Dios.

2 Corintios 10:5

Muy probablemente no hemos experimentado lo que es vivir en un país en guerra. Sin embargo, diariamente presenciamos una en nuestra mente. Ahí se levantan ciudadelas de razonamientos humanos; se erigen muros de argumentos falsos, muchos con la etiqueta de ciencia. ¿Qué hace un soldado entonces? Derribar, destruir, capturar.

Analicemos estas acciones. En primer lugar, tiramos las columnas de orgullo que hemos levantado al creer que todo lo sabemos. Luego, aniquilamos la arrogancia que nos impide escuchar la voz de Dios. Finalmente, capturamos los pensamientos rebeldes para encerrarlos de por vida. ¿Y cómo lo hacemos? Mediante el estudio de las Escrituras.

Usemos las poderosas armas de Dios para vencer los muros que han rodeado nuestros pensamientos con mentiras, falsedades y rumores que se oponen a Dios. Que nuestro estandarte sea el amor y la gracia del Padre y que por fe conquistemos nuestra desobediencia. ¡Derribemos muros!

Capitán, sigo tus órdenes.

La fe derriba argumentos falsos.

78

Con los ganadores

Por la fe Rahab la ramera no pereció juntamente con los desobedientes...

Hebreos 11:31

¿Te ha pasado que estás mirando un partido y tienes un equipo favorito? De repente, tu equipo empieza a perder y decides cambiar de opinión y vitorear por el contrincante. La realidad es que no nos gusta perder. Nos agrada tener la victoria, y mucho más, en el juego de la vida. La pregunta es: ¿nos encontramos en el lado correcto?

Rahab supo que su país sería invadido por los hebreos que habían conquistado a reyes poderosos. ¿Qué sería de ella y de su familia? No había esperanza de escapar. Entonces tomó decisiones sabias. Su razonamiento la llevó a tener fe en el Dios de los hebreos porque tenía pruebas de Su poder. Así que decidió pasarse del lado de los ganadores pues venían en nombre de ese gran Dios.

El desánimo y la desesperación pueden llevarnos a «tirar la toalla» y no tener esperanza. La terquedad y el orgullo nos pueden influenciar para estar del lado del equipo de lo terrenal y efímero. Como Rahab, elijamos al Dios victorioso.

Señor, que la desesperación no me ciegue.

La fe me hace razonar.

79

SUPERHEROÍNA

Asimismo también Rahab la ramera, ¿no fue justificada por obras, cuando recibió a los mensajeros y los envió por otro camino?
SANTIAGO 2:25

¿Con qué superhéroe te identificas? No tenemos los recursos financieros de Batman ni la vida familiar de Spiderman, ni la herencia mitológica de la Mujer Maravilla, podemos controlar el clima como Storm. La realidad es que estos personajes no existen en el mundo real.

Sin embargo, no debemos creer lo mismo de los héroes que aparecen en la galería de la fe en Hebreos 11. En su carta, Santiago nos muestra a una heroína sin capa. Rahab era mujer y las mujeres no aparecían en primera plana. Además, su oficio dejaba mucho que desear y no pertenecía al pueblo elegido de Israel.

Santiago la pone como un ejemplo de fe porque recibió a los mensajeros y los ayudó a escapar. Rahab arriesgó su vida por unos extraños, solo porque ellos servían al Dios de Israel y, a los ojos de Dios, eso la hace una superheroína.

Señor, quiero ser valiente como Rahab.

Imitemos la fe de otros.

80

Compromiso y amor

Porque como el cuerpo sin espíritu está muerto,
así también la fe sin obras está muerta.
Santiago 2:26

¿Has oído la frase «cristianos de domingo»? Describe a los que se comportan de una manera el día de reunión y de una manera muy distinta entre semana. Sin embargo, las personas que así actúan probablemente no han tenido un momento de reconciliación verdadera con Dios, uno se comporta de acuerdo a sus creencias.

La fe no es solo un ejercicio intelectual, sino algo vivo. Hemos leído de muchos héroes de la fe que, como creyeron, hicieron algo al respecto. Su fe los llevó a actuar. Por eso, no podemos concebir a uno que se dice seguidor de Jesús el domingo y el lunes vive con desenfreno o sin importarle su santidad.

Quizá el compromiso de hoy es analizar cómo nuestra fe y nuestras obras van de la mano en el día a día y, si no vemos esta realidad, meditemos si realmente hemos creído. La fe sin obras no existe; está muerta. Medita con sobriedad si tu domingo compagina con el resto de la semana.

Señor, quiero mostrar con mis obras que te amo.

La fe me lleva a hacer buenas obras.

81

Y LA LISTA CONTINÚA

¿Y qué más digo? Porque el tiempo me faltaría...
HEBREOS 11:32

Lutero, Wesley, Wilberforce, Carey, Ten Boom, Carmichael, Bonhoeffer, Perpetua, Agustín, Knox, Livingston, Aylward, Fry, Bach, Lewis, Tolkien, Handel, MacDonald. Si estos nombres o apellidos te resultan familiares, quizá se deba a que son, también, héroes de la fe; creyentes que han dejado su legado debido a su profunda confianza en Dios.

Sin embargo, ¿cuántos libros se necesitarían para contar las vidas de los millones de personas que han puesto su fe en Jesús desde el primer siglo? Lázaro, María Magdalena, Pedro, Natanael, Esteban, Priscila, Aquila, Febe, Gayo, tan solo en el primer siglo. Cada uno merece contarnos su experiencia al caminar con Jesús y parecerse cada día más a Él.

Por esa razón, el autor de Hebreos tuvo que detenerse después de mencionar a algunos personajes del libro de Josué, de acuerdo al canon moderno de nuestras Biblias, y explicar que el tiempo faltaría para escribir cada historia. Tú y yo también estamos en la lista, así que no desmayemos.

Padre, hazme digno de pertenecer a la lista de estos héroes.

Cada día aumentan los nombres de héroes de la fe.

82

VELLONES O FE

Y el ángel de Jehová se le apareció, y le dijo: Jehová está contigo, varón esforzado y valiente.

JUECES 6:12

¿Has oído de Gedeón y los vellones? Cuando Gedeón, que se sentía inferior por ser de una tribu casi desconocida y el más pequeño de sus hermanos, escuchó una instrucción del Señor, titubeó. Aunque el Señor lo consideraba varón esforzado y valiente, Gedeón no estaba tan seguro, así que decidió hacer un experimento.

Puso un pedazo de lana durante la noche y pidió a Dios que lo mojara mientras la tierra alrededor permanecía seca. Dios lo hizo. Sin embargo, no fue suficiente para Gedeón y pidió que ahora la tierra se humedeciera y el vellón permaneciera seco. Dios lo hizo de nuevo. Quizá, como Gedeón, tenemos una fe débil y vacilante. Tal vez necesitamos vellones.

Ciertamente, como a Gedeón, Dios puede mostrarnos su voluntad mediante vellones, pero recordemos que, a diferencia de Gedeón, hoy tenemos algo mejor que unos trozos de lana. Tenemos la Palabra de Dios y al Espíritu Santo. Si Dios dice que podemos, es porque así es.

Señor, que mi fe sea contada para gloria tuya.

La fe nos hace héroes.

BARAC

Entonces Débora dijo a Barac: Levántate… Y Barac descendió…
JUECES 4:14

El rey Jabín de Hazor mantuvo oprimidos a los israelitas de la región durante veinte años, pero un hombre de la tribu de Neftalí lo derrotó. Su nombre era Barac, que significa «rayo». ¿Cuántos años tenía? ¿Dónde obtuvo su experiencia militar?

Solo sabemos que, cuando la profetisa Débora lo llamó, él acudió y recibió la orden de luchar contra el enemigo. Barac, tal vez al reconocer que el pueblo se encontraba desanimado, pidió que Débora lo acompañara. ¿Pensaba que eso mantendría la moral en alto? Débora entonces le dijo que la gloria no sería para él, sino para una mujer, pero no por eso Barac se detuvo.

Débora lo acompañó y las fuerzas de Barac vencieron al ejército. La situación lucía muy complicada pues Sísara contaba con novecientos carros de guerra hechos de hierro, pero no fueron suficientes para vencer al Dios de Israel, y Barac lo creyó. Barac escuchó las órdenes, obedeció al Señor y obtuvo la victoria. ¿Lo imitamos?

Señor, cuando Tú estás a mi lado puedo vencer al enemigo más fiero.

La fe obedece y no busca su propia gloria.

84

Fuerte como el sol

Entonces clamó Sansón a Jehová, y dijo: Señor Jehová, acuérdate ahora de mí, y fortaléceme, te ruego, solamente esta vez, oh Dios, para que de una vez tome venganza de los filisteos por mis dos ojos.

Jueces 16:28

¿Te has preguntado por qué Sansón ocupa un lugar en los anales de los héroes de la fe? ¿Acaso no tuvo una vida inmoral y se dejó dominar por sus impulsos? Actúa como un niño berrinchudo o un hombre sumamente egoísta. De hecho, en el pasaje que hoy leemos, está más preocupado por sus ojos.

Sin embargo, la Biblia lo incluye en esta lista por la fe que mostró en ese último momento. Si bien no vemos a Sansón hablando mucho con Dios en los capítulos anteriores, aquí lo vemos rogando al Señor. Entendió que no se trataba de su fuerza, sino la del Señor, y comprendió que mediante la muerte cumpliría el propósito al que había sido llamado.

Imitemos la fe de Sansón, una que creyó que la fuerza viene de Dios y que incluso en los momentos más difíciles podemos honrarle. ¿Y qué hizo Dios? Le concedió su petición y con eso Sansón libró al pueblo de sus enemigos.

Señor, la fuerza viene de ti.

La fe me hace humilde.

85

NO IMPORTAN TUS CREDENCIALES

Y el Espíritu de Jehová vino sobre Jefté.
JUECES 11:29

Quizá piensas que los héroes de la fe provienen de un linaje escogido de pastores o personas respetables, pero miremos la vida de un hombre llamado Jefté, hijo de un guerrero y una prostituta. Sus medios hermanos lo echaron cuando crecieron para proteger su herencia. Jefté huyó y formó una banda de rebeldes.

Entonces, un día, los amonitas atacaron a los de la tierra de Galaad y, tal vez por su falta de experiencia militar, le rogaron a Jefté que volviera para ser su comandante. Jefté se negó, pero lo convencieron y aceptó el rol de gobernante. La Biblia añade que lo hizo «delante de Jehová» (Jueces 11:11).

Jefté intentó la diplomacia, pero cuando esta no funcionó, el Espíritu del Señor vino sobre él y lideró al ejército. Quizá nos acordamos de su historia por un voto impulsivo que afectó a su familia, pero por ahora concentrémonos en la confianza que este hombre depositó en Dios. No importan nuestras credenciales o las heridas de nuestra niñez, Dios nos puede transformar en generales.

Señor de los ejércitos, me pongo a tus órdenes.

La fe aplasta a los enemigos de Dios.

86

BENDECIDOS PARA BENDECIR

Pero yo estoy como olivo verde en la casa de Dios;
en la misericordia de Dios confío eternamente y para siempre.
SALMO 52:8

El olivo es un árbol adaptable a cualquier clima y resistente a los peligros. Casi todas sus partes son aprovechables. Su madera, su fruto y sus hojas perennes han sido útiles por sus beneficios medicinales y estéticos. El Señor escogió el aceite de olivo para ungir utensilios y seres humanos dedicados a Su servicio.

David, consciente de la bendición que es el olivo, lo usa como figura de la gracia que Dios le concede por su fe y fidelidad. Se compara con «un olivo verde en la casa de Dios»: inamovible, longevo, siempre verde, que da fruto y bendice a otros. Pero notemos que la clave no está en el olivo, es decir, en David, sino en dónde está: la casa de Dios.

Los creyentes verdaderos somos como olivos verdes, majestuosos, resistentes y llenos de bendición para compartir con las personas cercanas a nosotros. Pero el secreto no está en nosotros sino en la tierra donde crecemos y donde hemos sido plantados: la casa de Dios.

Señor, que yo sea como un olivo verde en tu casa.

Por la fe, somos como olivos verdes.

87

LA FE DE UN NIÑO

Y Samuel creció, y Jehová estaba con él,
y no dejó caer a tierra ninguna de sus palabras
1 SAMUEL 3:19

¿Puede un niño tener esa fe que agrada a Dios? Quizá, de hecho, para ellos resulta más fácil confiar en el Todopoderoso y así lo demuestra la historia de Samuel, el niño que servía al Señor en el templo ayudando a Elí, el sumo sacerdote de esos tiempos.

La Biblia aclara que en ese tiempo no era común tener visiones, así que Samuel seguramente no esperaba que Dios le hablara aquella noche. Samuel dormía en el tabernáculo y lo alumbraba una lámpara, pero al escuchar su nombre dedujo que se trataba de Elí. Samuel jamás había recibido un mensaje de parte de Dios y quizá tampoco Elí, pero el sacerdote concluyó que se trataba del Señor, así que le dio instrucciones.

El niño Samuel escuchó la voz de Dios y compartió el mensaje. Desde entonces, el Señor estuvo con Samuel y permitió que todo lo que el profeta dijera se cumpliera. Y todo comenzó con la fe de un niño que, simplemente dijo: «Habla, porque tu siervo oye» (1 Samuel 3:10).

Dios mío, ¿en qué puedo servirte?

La fe escucha la voz de Dios.

88

La conquista del reino

...que por fe conquistaron reinos...
Hebreos 11:33

El barco del marinero sueco Karl Emil Pettersson naufragó cerca de una isla llamada Tabar, en la Provincia de Nueva Irlanda, en Papúa Nueva Guinea. Los naturales de la isla eran conocidos como caníbales y lo llevaron ante su gobernante, el Rey Lamry. Karl lo convenció de administrar sus tierras y se ganó su simpatía. Poco después, la hija del rey se enamoró de él, se casaron y tuvieron nueve hijos.

Al morir el soberano, el simple marinero se convirtió en el «Rey Karl Pettersson I». Había conquistado al rey, a la hija del rey y a toda la tribu. Cada dinastía comienza con un rey que impuso su autoridad. En el caso de David, fue elegido por Dios entre las ovejas.

Nosotros también hemos sido hechos reyes y sacerdotes, y reinaremos sobre la tierra. Es por la fe que conquistamos el reino cuando depositamos en Dios nuestra total confianza y creemos en que cada una de sus promesas se cumplirá. Sigamos confiando en Sus planes para nosotros.

Gracias, Señor, por lo que me has permitido conquistar.

Somos reyes por la fe.

JUSTICIA

...hicieron justicia...
HEBREOS 11:33

Todos, en cierto modo, tenemos un lugar para gobernar. Puede ser tu hogar, si eres padre, o un salón de clases. Quizá estás al frente de un grupo de personas en tu trabajo o en la iglesia, o de ti depende que los clientes estén satisfechos. En cualquiera de estos roles, debemos actuar con justicia. En otras palabras, debemos ver que se cumplan las leyes y se resuelvan los conflictos.

El rey Salomón tuvo una prueba muy peculiar cuando dos prostitutas se presentaron con un bebé. Las dos habían tenido hijos, pero uno de ellos había muerto y la mamá del niño muerto lo intercambió por el vivo. Ambas sabían quién mentía, pero tocaba al rey descubrirlo.

¿Qué hizo el rey? Apelar al instinto materno que hizo que la verdadera madre estuviera dispuesta a perder a su hijo con tal de salvar la vida del pequeño. Al igual que Salomón, podemos pedir sabiduría para juzgar rectamente. Santiago nos invita a hacerlo pues Dios da sabiduría «abundantemente y sin reproche» (1:5), así que hagámoslo con fe.

Señor, dame sabiduría para hacer justicia.

Pidamos sabiduría con fe.

90

Ocho mil promesas

...alcanzaron promesas...

Hebreos 11:33

Un amigo decidió vender su auto. Hizo todos los trámites con un comprador interesado y cuando se vieron para entregarle el vehículo, el hombre le mostró en pantalla el depósito. Cuando mi amigo revisó su cuenta bancaria entendió que lo habían estafado. El dinero nunca llegó.

Con Dios es distinto, su promesas están a la mano. Cuando Él nos muestra que hemos sido ricamente bendecidos, no miente. Como les dijo Josué a los israelitas antes de pisar la Tierra Prometida: «Reconoced, pues, con todo vuestro corazón y con toda vuestra alma, que no ha faltado una palabra de todas las buenas palabras que Jehová vuestro Dios había dicho de vosotros; todas os han acontecido, no ha faltado ninguna de ellas» (Josué 26:14).

Sin embargo, para usar el dinero en el banco tenemos que sacarlo del cajero, usar la tarjeta, dar nuestro número. Es decir, debemos alcanzar las promesas: apropiarlas, utilizarlas, disfrutarlas. Se calcula que hay unas ocho mil promesas hechas por Dios en la Biblia. ¿Cuántas conoces?

Mi fe está puesta en tus promesas, Señor.

La fe hace realidad las promesas de Dios.

91

De las fauces del león

...taparon bocas de leones...
Hebreos 11:33

El león asiático, en peligro de extinción, es la única subespecie de león fuera de África. Son más pequeños, menos corpulentos, su pelaje es más claro y su melena rojiza. Sin embargo, su mordida es tan poderosa que puede quebrar huesos y provocar heridas graves.

En el pasado, abundó en los Balcanes, Turquía, Arabia, Persia e India. Seguramente era el tipo de león que el rey Darío de Persia tenía en el foso en donde arrojaba a quienes oraban a cualquier ser, divino o humano, que no fuera él. Darío no imaginaba que Daniel, uno de sus funcionarios predilectos, oraría a su Dios y se encontraría en un aprieto.

Pero la ley no podía revocarse y Daniel no pensaba doblegarse. Así que lo arrojaron al foso y, cuando lo sacaron, no tenía un solo rasguño. ¿Cuál fue la clave? Que había confiado en su Dios, que envió un ángel para cerrar la boca de los leones. Y por si alguien dudaba de que los leones tuvieran hambre, despedazaron a los hombres que acusaron a Daniel. Así que no lo olvidemos, Dios todavía tapa las bocas de leones.

Señor, tú me libras de la boca del león.

La fe en Dios nos protege de peligros.

92

FUEGO INEFICAZ

...apagaron fuegos impetuosos...
HEBREOS 11:34

En 2013, un rayo incendió los matorrales de Yarnell Hill. El fuego alcanzó zonas habitadas. El equipo Granite Mountain Hotshots, de 19 bomberos, fue enviado para extinguir el incendio. Los vientos cambiaron y pronto se encontraron rodeados por las llamas, con temperaturas superiores a los 1000° C. Ninguno sobrevivió.

Sadrac, Mesac y Abednego fueron condenados al horno de fuego calentado siete veces. ¿Habría alcanzado ese horno los 1000° C? Probablemente sí, pero tenían fe. Le contestaron al rey Nabucodonosor con seguridad: *He aquí nuestro Dios a quien servimos puede librarnos del horno de fuego ardiendo; y de tu mano, oh rey, nos librará*. ¡Qué audacia! Los tres valientes hebreos sabían que su Dios no los dejaría solos y el Señor honró su fe.

En la vida enfrentamos situaciones que queman como el fuego y que nos consumen terriblemente. Con fe, podemos apagar cualquier fuego.

Señor, Tú ves el fuego a mi alrededor. ¡Protégeme!

Quien tiene poder sobre el fuego quiere nuestra fe.

Los cien

...evitaron filo de espada...
Hebreos 11:34

Las espadas estaban listas y afiladas. La orden se recibió directamente de la reina Jezabel que gobernaba en ese tiempo. Todos los profetas que adoraban al Dios de Abraham y cuyo culto se celebraba en Jerusalén debían morir. La masacre comenzó, pero había un hombre llamado Abdías que estaba a cargo del palacio y seguía fielmente a Dios.

¿Cuántos profetas había en ese entonces? No lo sabemos, pero Abdías escondió a cien de ellos en dos cuevas. Además, les dio comida y agua. ¿Cuánto tiempo los mantuvo? ¿De dónde sacó dinero para alimentarlos? ¿De su propia bolsa? ¿Cómo los ayudó a huir al reino de Judá? ¿En grupos pequeños? Solo sabemos que, por la fe de Abdías, estos cien hombres evitaron el filo de la espada.

Sin embargo, unos años después la vida de Abdías estuvo en peligro. Acab, el rey, envió a Elias a buscarlo, y en caso de no encontrarlo o de mentir al respecto, moriría. En esta ocasión, fue Elías quien le dijo que no temiera pues Dios lo protegería y así fue. ¿Qué nos toca hoy? ¿Ayudar a otros o recibir ayuda?

Señor, quiero seguirte con fidelidad.

Seamos fieles a Dios.

94

Vencedor en la debilidad

...sacaron fuerzas de debilidad...
Hebreos 11:34

Aunque a Jim Thorpe se le describió como «el mejor atleta del mundo» en 1912, por ganar en el pentatlón y el decatlón, la historia cuenta que usó zapatos diferentes pues el día de la competencia alguien había robado sus zapatos. ¿Y de dónde sacó el nuevo par? De la basura. Thorpe, por sobre todas las cosas deseaba ganar e hizo lo que pudo para lograrlo.

El rey Ezequías enfrentó una enfermedad mortal, pero la historia bíblica dice que oró en fe y le pidió a Dios que lo sanara. Quería, con todas sus fuerzas, seguir viviendo y sacó fuerzas de la debilidad para rogar por su vida y Dios le concedió más años.

¿Has deseado algo con todas sus fuerzas? ¿Acaso no somos capaces de vencer obstáculos o dejar alguna comodidad con tal de lograrlo? Sacamos fuerzas de la debilidad porque algo nos importa mucho. Cuando nuestro anhelo más grande es ese todo lo demás se acomoda.

Señor, tú eres mi fuerza en la debilidad.

Puedo vencer la debilidad con fe.

95

En la debilidad

...se hicieron fuertes en batallas...
Hebreos 11:34

Todo estaba en su contra. Los filisteos eran muchos y el ejército de Saúl había disminuido a solo seiscientos hombres, de los cuales solo dos tenían espadas. Así que, después de descender dos peñascos, Jonatán y su escudero llegaron hasta la avanzada del campamento enemigo. ¿Por qué? Porque estaba seguro de que nada podía detener al Señor. Se dejaron ver por los filisteos y ellos le dijeron que subieran.

¿Qué hizo Jonatán? Subir y pelear, seguro de que el Señor los ayudaría a derrotarlos. ¿Lo increíble? Escalaron usando pies y manos, al tiempo que mataban a sus enemigos, y todo el ejército se llenó de pánico. En ese preciso momento, hubo un terremoto. ¡Dios peleaba por Jonatán! Dos jóvenes iniciaron la avalancha de una derrota, pero no podemos olvidar que la clave estaba en que Jonatán confiaba en Dios.

Como Jonatán, somos débiles y la mayor parte del tiempo somos minoría, pero cuando el Todopoderoso está de nuestro lado ninguna batalla es demasiado complicada ni imposible de vencer.

Todopoderoso, tuya es la batalla.

Un poco de fe hace milagros.

96

Frente a muchos

...pusieron en fuga ejércitos extranjeros...
Hebreos 11:34

En 1862, España, Inglaterra y Francia querían cobrar deudas que en ese momento México no podía saldar. En un acuerdo, España e Inglaterra se retiraron, pero Francia no quiso e invadió territorio mexicano. El 5 de mayo de 1862, al mando del General Ignacio Zaragoza, el ejército mexicano y un grupo de indígenas zacapoaxtlas, hicieron huir al ejército más poderoso de esa época: el francés.

Del mismo modo, Asa, rey de Judá, al enfrentarse a un millón de soldados etíopes, clama al Señor, diciendo: «Ayúdanos, oh Jehová Dios nuestro, porque en ti nos apoyamos» (2 Crónicas 14:11). Inmediatamente después, vemos a un ejército etíope despavorido, con el regimiento hebreo detrás «porque fueron deshechos delante de Jehová» (v.13).

El Señor requiere nuestra confianza, requiere fe y cuando el Señor está con nosotros, no importa el número de enemigos. Recordemos que en esta guerra espiritual las batallas no cesarán hasta que estemos con Jesús, pero podemos recurrir al Capitán que siempre estará dispuesto a ayudarnos.

Haz huir a mis enemigos, Señor. Yo confío en Ti.

Con nuestra fe, los ejércitos huyen.

97

Estoy bien

Las mujeres recibieron sus muertos mediante resurrección.
Hebreos 11:35

Su hijo fue un nacimiento milagroso, pero unos años después, el niño se quejó de un dolor de cabeza y murió. La mujer no se lo dijo a nadie. Solo tomó un burro y salió a ver al hombre de Dios. Cuando llegó, el siervo del profeta le preguntó si todo estaba bien en casa, y ella dijo: «Todo está bien» (2 Reyes 4:26, NTV).

Una vez delante de Eliseo, la mujer se quebró y le dijo la verdad. Eliseo envió a su sirviente a ver al niño, pero la mujer no se dejó convencer y obligó a que Eliseo la acompañara. Tal como la mujer supuso, el siervo del profeta no logró despertar al niño, pero las oraciones de Eliseo lo hicieron.

Ella se llenó de gratitud y abrazó a su hijo. Su fe hizo que su hijo resucitara, pero ¿cómo la mostró? Al decir que todo estaba bien, pues su frase denota la confianza que estaba poniendo en Dios. Quizá las cosas no estaban en ese instante del todo bien, pero lo estarían debido al Dios de Eliseo.

Cualquiera que sea mi suerte diré: Estoy bien contigo, Señor.

Aunque venga la prueba, mi fe no menguará.

98

Firmes en fe

...mas otros fueron atormentados...
Hebreos 11:35

En enero de 2024, los pakistaníes Azam y Nadeem Masih, creyentes en la Biblia, fueron secuestrados y golpeados con varas de hierro por dos musulmanes. Fueron obligados a recitar la *shahada* para convertirse al islam. Pasaron días en el hospital para sanar de esta tortura.

En abril de 2024, en una población de Hidalgo, México, la mayoría católica había prohibido a los creyentes evangélicos llevar a sus niños a la escuela, usar el registro civil y el cementerio. Les quitaron el cableado eléctrico y les confiscaron los pozos de agua. La situación se agravó cuando varios hombres golpearon a una mujer que permaneció cuatro semanas en el hospital. Tuvieron que mudarse.

En todas las épocas ha estado presente la persecución a la Biblia y a la iglesia cristiana. La tradición histórica dice que los apóstoles sufrieron muertes violentas por sus creencias. Jesús advirtió que tendríamos aflicción, pero nos invitó a confiar, a tener fe. Aunque vengan los problemas, resistamos con fe pues Dios nos dará la fortaleza y la salida.

Estoy dispuesto, Señor, a sufrir persecución por tu causa.

Podemos resistir con fe.

99

Rescate

...no aceptando el rescate...
Hebreos 11:35

Joiada, el sacerdote, salvó al sobrino de su esposa, Joás, de que su abuela paterna lo asesinara. Lo ocultó en el templo hasta que Atalía murió y Joás subió al trono. Mientras su tío vivió, Joás hizo lo correcto ante Dios, pero cuando Joiada murió, se dejó persuadir por otros líderes y permitió que la gente rindiera culto a los ídolos.

El Señor entonces envió profetas para que el pueblo se volviera a Él y, entre ellos, estaba Zacarías, el hijo de Joiada, el primo de Joás. ¿Sabía Zacarías que Joás había cambiado? ¿Entendía el peligro? Pudo negarse a hacer la voluntad de Dios, pero no lo hizo.

Decidió obedecer y se paró delante del pueblo. ¿Y qué hizo Joás? No se acordó de lo que Joiada hizo por él y ordenó que lo apedrearan. La fe no salvó al profeta que antes de morir dijo: «Jehová lo vea y lo demande» (2 Crónicas 24:22). Hemos leído de muchos a los que Dios salvó milagrosamente, pero hubo otros que murieron, como Zacarías. La fe a veces nos conducirá por ese camino. La pregunta es si estamos dispuestos.

Señor, te entrego mi vida.

La fe acepta que a veces no haya rescate.

100

¿ESCLAVO O LIBRE?

...a fin de obtener mejor resurrección...
HEBREOS 11:35

En marzo de 1849, Henry Brown se envió a sí mismo por correo, de Virginia a Filadelfia, en una caja de madera de noventa centímetros de largo. Era un esclavo huyendo hacia la libertad. Después de 27 días, cruzó hacia un lugar donde podía vivir sin cadenas donde disfrutó otros cincuenta años. Una litografía llamada *La Resurrección de Henry Box Brown* lo representa saliendo de la caja y se usó como propaganda para recaudar fondos para la causa abolicionista.

Los humanos somos capaces de luchar por la libertad, pero a veces no nos damos cuenta de que somos esclavos del pecado. Cuando lo hacemos, nos esforzamos por escapar hasta darnos cuenta de que no podemos solos. Necesitamos un Libertador.

Como Henry, salimos a la vida y a la libertad. Tenemos, finalmente, la mejor resurrección. ¿Y qué necesitamos para obtener esta libertad? Diríamos que «meternos a la caja». Creer por fe que el sacrificio de Cristo es suficiente. ¿Has puesto tu fe en esa obra maravillosa?

Señor, mi fe está puesta en Ti y en tu obra redentora.

La resurrección es por fe.

101

TRAS BAMBALINAS

Otros experimentaron vituperios y azotes…
HEBREOS 11:36

Cuando vamos a una obra de teatro ignoramos lo que pasa tras bambalinas. No sabemos quién está teniendo un mal día o si el vestuario sufrió desperfectos. En la vida diaria, también ignoramos muchas cosas, como las penas y enfermedades de los que nos rodean.

Peor aún, desconocemos el plano espiritual. Así fue cómo Job se presentó ante su esposa y sus amigos, destituido de todos sus bienes y azotado por una enfermedad. ¿Y qué recibió? Burlas, vituperios, ofensas y deshonra. Todos, Job incluido, ignoraban que Satanás, con el permiso de Dios, hacía todo lo posible para que Job maldijera al Todopoderoso, lo que no logró. Mientras tanto, la gente cercana a este hombre lo hirió con sus palabras al criticarlo, reprenderlo y censurarlo.

Por la fe, Job se mantuvo firme y decidió creer que Dios tenía un propósito superior. Por falta de fe, su esposa y sus amigos lo juzgaron mal. Reconozcamos que solo vemos el escenario y no tras bambalinas, pero que Dios sigue en control del teatro completo y puede convertir el lamento en baile.

Señor, líbrame de ofender con mis palabras.

La fe confía en que Dios está en control.

102

Condenados por su fe

…y a más de estos prisiones y cárceles.
Hebreos 11:36

En 1975, tres jóvenes fueron condenados a muerte, luego a cadena perpetua por el asesinato de un empresario. Cuando el único testigo admitió que había sido presionado mentir, Ronnie y Wiley Bridgeman y Ricky Jackson fueron exonerados y puestos en libertad. Increíble que inocentes, como estos jóvenes, hayan sido condenados de forma injusta.

En Hechos, Lucas relata que Herodes, después de matar a Jacobo, quiso hacer lo mismo con Pedro. Lo puso en una cárcel «de máxima seguridad», rodeado de 16 soldados romanos, pero el Señor lo liberó milagrosamente. ¿No te parece increíble la cantidad de personas que han estado presas solo por su fe?

Sin embargo, el Señor Jesús advirtió que a muchos de sus seguidores les esperaba la cárcel. Por la fe, muchos están dispuestos a eso y más con tal de no negar a su Señor. Si llega el momento en que creer en Jesús sea visto como un crimen, oremos por la fuerza para sufrir por nuestro Señor. Mientras tanto, usemos nuestra libertad para hablar de Él a otros.

El mundo me condena por amarte; Señor, ayúdame.

Con fe, la condena es tolerable.

La viña

Fueron apedreados.
Hebreos 11:37

El rey tenía un palacio, pero sus ojos se posaron en un viñedo aledaño, así que ofreció comprarlo para usarlo como huerta. El propietario, un hombre llamado Nabot, se negó. Se trataba de la herencia de sus antepasados. El rey armó un berrinche y su esposa se ocupó del asunto. Por medio de la corrupción y la mentira, incriminó a Nabot, que murió apedreado.

Seguramente esta historia nos ofende y nos remonta a escenas actuales de abuso de poder. Sin embargo, notemos el valor de este hombre para defender su herencia, y percibamos algo más: el crimen no quedó impune. Elías se presentó ante el rey y pronunció juicio contra Acab y su familia.

La fe, por lo tanto, nos impulsa a defender nuestra herencia, nuestras convicciones y nuestra identidad en Cristo, cueste lo que cueste. Y la fe también, como en el caso de Elías, denuncia y habla por aquellos que no tienen voz o han sido silenciados con piedras. Ciertamente esta historia nos muestra que los justos no siempre triunfan de este lado del río, pero Dios no olvida y todo acto recibirá su recompensa.

Señor, ayúdame a defender a los que sufren de injusticia.

La fe lucha por la justicia.

104

FIRMES EN FE

...aserrados...

HEBREOS 11:37

En la Ciudad de México existen varios museos donde se exhiben las máquinas de tortura utilizadas en la Inquisición, durante la colonia, para humillar, castigar, mutilar y ejercer la pena capital. Muchas personas murieron injustamente en manos de los inquisidores que aplicaron las torturas, a veces sin investigación.

Leemos en 2 Reyes 21 que Manasés fue uno de los reyes más impíos del reino de Judá y que derramó mucha sangre inocente. La tradición judía dice que el profeta Isaías fue aserrado por este perverso rey. Podemos encontrar esta historia en el Talmud de Babilonia, el Talmud de Jerusalén y otros manuscritos del siglo I como el «Martirio de Isaías» y «Vidas de los profetas».

Seguramente, la fe que tenía Isaías le ayudó a soportar semejante martirio y podemos agradecer que, en muchos de nuestros países, no se castiga de este modo a los que amamos a Dios. Aun así, enfrentaremos resistencia y desprecio. Que nuestra fe sea tan fuerte para resistir los momentos de rechazo y violencia.

Estoy dispuesto, Señor, a soportar el martirio por Ti.

La fe puede llevarnos al martirio.

105

Flores en el Ártico

...puestos a prueba...
Hebreos 11:37

Algunas de las flores más hermosas nacen en la tundra. Son pequeñas, pero de colores impresionantes y alegran el frío verano. Los Inuit, por ejemplo, valoraban el algodón del ártico o algodoncillo, pues utilizaban las cabezas de las semillas como mechas para sus lámparas.

Sin embargo, cuando pensamos en flores nos imaginamos los invernaderos donde reciben muchos cuidados. Si vemos la vida como el gran Jardín de Dios, quizá pensemos que los héroes de la fe crecen en macetas y en lugares protegidos. Pero basta leer Hebreos 11 para reconocer que los héroes de la fe se dan en las regiones más áridas y la frase del versículo de hoy nos lo recuerda.

Todos pasaremos por días complicados, por situaciones de debilidad y tendremos que tomar la decisión de no ceder. Por la fe podemos vencer, pues Dios nos dará la salida para que podamos soportar la prueba y florecer incluso en el Ártico.

Padre, dame la salida para que pueda resistir.

La fe vence la tentación.

106

En combate

…muertos a filo de espada.

Hebreos 11:37

Entre las antiguas civilizaciones, la muerte a filo de espada o puñal, en donde se vertía sangre, era considerada más noble y masculina. Los guerreros luchaban con todas sus fuerzas hasta que uno de los dos caía. Se le consideraba una muerte más honrosa que morir ahorcados.

En Hechos 12 se nos cuenta que Jacob murió a filo de espada pues Herodes lo mandó a matar. Sin embargo, su muerte no fue más noble que la de Esteban que murió apedreado. Sin embargo, podemos pensar que ninguno de los apóstoles murió en vergüenza, sino con los ojos mirando al cielo, al trono de su Señor.

Los creyentes en Jesús somos guerreros en combate. Estamos siempre preparados para presentar defensa con mansedumbre y reverencia ante todo el que nos demande razón de la esperanza que hay en nosotros. Un día lucharemos en la batalla final, sea frente a un enemigo de carne y hueso o una enfermedad. Lo importante es que cuando ese momento llegue, alcemos la vista al cielo.

Señor, que solo la muerte me prive de hablar de mi fe.

La fe me hace un guerrero en combate.

107

El más grande

...anduvieron de acá para allá cubiertos de pieles de ovejas y de cabras...
Hebreos 11:37

Se le llamó el más grande de los profetas, pero su vida no fue fácil. Nació de un par de ancianos y probablemente los perdió muy pronto. Vivió en el desierto y vistió ropa de pelos de camello con un cinto de cuero alrededor de la cintura. Comió langostas y miel silvestre. Y comenzó su ministerio.

Arrancó con el pie derecho pues muchos se bautizaron en el río Jordán. Incluso bautizó a su primo, Jesús, el Cordero de Dios que vino a quitar el pecado del mundo. Pero de repente todo se descompuso. Un rey pecador lo encarceló. Juan, en las sombras de la prisión, empezó a titubear. ¿Era realmente Jesús el Mesías que esperaban?

Entonces vino la mayor prueba de su fe: ¿seguiría a un Dios que no comprendía? ¿Qué pensó el día que llegaron los soldados para cortarle la cabeza por el capricho de una mujer? Juan el Bautista se aferró a la fe. Decidió, como debemos hacer nosotros, confiar en la Persona de Dios, aunque no entendiera del todo sus maneras. Qué gran ejemplo.

Señor, no comprendo tus caminos, pero confío en Ti.

La fe no siempre entiende, pero siempre confía.

108

CONTENTO

...pobres...

HEBREOS 11:37

Existe la pobreza, es decir, la falta de recursos para cubrir las necesidades básicas. También existe la pobreza mental. Esta quizá es peor, pues hace que las personas se saboteen a sí mismas y crean que nunca tendrán suficiente o que no merecen más de lo que tienen. Esto los vuelve incapaces de superarse.

En la Biblia vemos gente que dependió del Señor para cubrir sus necesidades básicas, como Elías, que durmió en cuevas y recibió sustento de los cuervos. Pero no vivió como pobre pues sabía que los recursos financieros, emocionales y sociales del Dios al que servía eran ilimitados.

Si Dios está en control de todas las cosas, Él es quien determina nuestra situación económica. Quizá pasemos por momentos de escasez financiera o de crisis nacionales, pero no vivamos en una mentalidad de pobreza. Nuestro Dios ha prometido darnos el sustento diario y lo hará. Aprendamos a disfrutar lo que tenemos y, si el Señor, por causa de su nombre, nos llama a un tiempo de sequía —como con Elías—, hagámoslo con amor.

Señor, estoy contento con lo que me das.

La fe nos hace tener contentamiento.

109

El control remoto

...angustiados...
Hebreos 11:37

Imagina cómo sería tu vida si fueras un pedazo de plastilina, de esas que los niños utilizan para jugar. Cada día, unas pequeñas manos te aplastan, comprimen, estrujan y deforman. ¿La buena noticia? Una vez a salvo en tu contenedor, vuelves a tu forma original.

La palabra que el escritor de Hebreos usa aquí para «angustiados» tiene que ver con la idea de poner presión sobre algo. Como Pablo decía, aunque las dificultades lo presionaban, no lo aplastaban; aunque perplejo, no caía en la desesperación; a pesar de ser derribado, no era destruido. Por la fe, se sometía a las manos del Alfarero.

Curiosamente, la plastilina solo tiene un peligro: si se deja fuera de su contenedor, se pone dura como el concreto. Eso puede pasarnos cuando no nos refugiamos en el recipiente de la fe. Si no creemos que Dios tiene un propósito en todo lo que sufrimos, el dolor no tiene sentido. Seamos material moldeable en las manos amorosas de Dios.

Señor, dame la clase de fe que se sostiene en medio de la presión.

La fe les da sentido a nuestras tribulaciones.

110

OBEDIENTE

...maltratados...

HEBREOS 11:37

Algunos consejeros bíblicos y psicólogos cristianos pueden sufrir demandas si usan la Biblia para aconsejar a otros. En las escuelas públicas, los maestros no pueden mencionar su fe en Dios o tratar de compartirla con sus alumnos. ¿Podrían negar a un alumno una beca por anunciar sus creencias en las redes sociales? ¿Cuántos empleos no limitan, cada vez más, todo tema relacionado con Jesús?

Pablo y Silas fueron apresados, azotados, atados al cepo y puestos en lo más oscuro y terrible de una cárcel. ¿Cuál era el delito? ¡Predicar el evangelio! Si leemos el resto de la historia, veremos a Pablo y a Silas cantando al Señor en medio de la injusticia y la desventura.

¿Nos aterra que nos maltraten por testificar de la fe que tenemos, mucho más si nos quitan el empleo por eso? Recordemos que los héroes de la fe fueron maltratados por su fe y obediencia, pero sus penurias fueron momentáneas. Oremos que cuando llegue la presión, sepamos mantenernos firmes y no negar a nuestro Dios.

Señor, ayúdame a compartir mi fe.

Podemos sufrir maltrato por nuestra fe.

111

¿Y LAS OTRAS VIVIENDAS?

…de los cuales el mundo no era digno; errando por los desiertos, por los montes, por las cuevas y por las cavernas de la tierra.
Hebreos 11:38

En el primer siglo existían los palacios, como el de Herodes; casonas, como la de Zaqueo y casas humildes de barro como la de Pedro. Sin embargo, en este pasaje leemos que algunos héroes de la fe no vivieron en ninguna de las moradas anteriores.

Erraron por el desierto, como los israelitas que iban rumbo a la Tierra Prometida. Se ocultaron en los montes, como el fugitivo David que huía de Saúl. Se refugiaron en cuevas y cavernas, como los profetas que huían de la reina Jezabel. Pero notemos la primera parte del versículo.

El mundo no les ofreció lujos ni comodidades, pero en la balanza divina, la humanidad no merecía gente así. Estos valientes consideraron de más valor su relación con Dios que el techo bajo el cual vivir. Estuvieron dispuestos a perderse en los desiertos y las cuevas con tal de encontrar a Dios. Quizá en este mundo parecieron no tener un lugar fijo, pero hicieron del Señor su hogar.

Señor, que me encuentre en Ti y haga de Ti mi residencia.

La fe habita en Dios.

112

EN PAZ

...descansarán en sus lechos todos
los que andan delante de Dios.
ISAÍAS 57:2

Sentí un profundo dolor el día que escuché que un amigo había muerto de cáncer. No solo había dedicado su vida al servicio de Dios en las misiones, sino que era un faro de luz. Seguramente has estado en el funeral de alguien que, en tu opinión, no debería haber muerto.

Isaías se lo preguntaba también y se cuestionaba por qué los justos mueren antes de que llegue su hora. ¿Lo peor? A pocos parece importarles. Pero Isaías nos comunica algo interesante: «Parece que nadie entiende que Dios los está protegiendo del mal que vendrá» (Isaías 57:1, NTV).

Hemos leído de muchos héroes de la fe que sufrieron lo indecible y murieron de forma violenta. Lo único cierto es que Dios promete que aquellos que andan en el camino de la justicia les dará descanso cuando mueran. Si has sido perseguido por tu fe, si nadie piensa en ti, si estás en medio de la aflicción, recuerda que Dios te sostiene y un día tendrás el mejor descanso de todos en sus brazos.

Estoy cansado, Señor. Quiero descansar en ti.

Por la fe tendremos el descanso eterno.

113

NINGUNO Y TODOS

Y todos estos, aunque alcanzaron buen testimonio mediante la fe, no recibieron lo prometido.
HEBREOS 11:39

El valiente David y el sufriente Job, el fiel Abraham y el voluble Sansón tuvieron algo en común: fueron testigos de Dios por medio de su fe. Todos hicieron algo bien al confiar en Dios, pero ninguno recibió lo prometido. Todos los mencionados en este pasaje vivieron antes de Cristo y por lo tanto no vieron el cumplimiento de las promesas.

El escritor de Hebreos concluye que los judíos no son superiores a los gentiles pues todos recibiremos el cumplimiento de la promesa para estar siempre con Jesús. Ninguno fue privilegiado. Ninguno recibió de más porque todos hemos recibido todo. Ninguno se adelantó porque todavía faltan muchos por comenzar su vida de fe.

¿Tenemos alguna ventaja sobre los héroes de antaño? Al igual que ellos, solo por fe alcanzamos aprobación y tampoco recibiremos todo lo que Dios ha prometido. Hemos visto la cruz que ellos solo vieron a lo lejos. Un día todos recibiremos el cumplimiento total de las promesas y nos gozaremos juntos.

Señor, gracias porque a todos nos darás lo prometido.

La fe espera el cumplimiento de las promesas.

114

Impactado por el Espíritu

A estos se les reveló que no para sí mismos, sino para nosotros, administraban las cosas que ahora os son anunciadas.

1 Pedro 1:12

Un ateo consumado, impactado por el cambio profundo que su esposa había tenido en su vida, la acompañó a oír a un predicador. Fue entonces que Lee Strobel supo que tenía que investigar la vida de Jesucristo. Su exhaustivo análisis le llevó a creer en el Señor y a escribir el libro *El Caso de Cristo*, donde comprueba la verdad histórica del evangelio. Su conclusión es: *¡Para seguir siendo ateo hace falta más fe que para ser cristiano!*

Los profetas del Antiguo Testamento «inquirieron y diligentemente indagaron acerca de esta salvación» de la que ahora disfrutamos (1 Pedro 1:10). Incluso los ángeles observan estos hechos y se asombran. Somos privilegiados.

La predicación de alguien nos impactó un día. El evangelio encarnado en las vidas de otras personas, como sucedió con la esposa de Lee, nos llevó más cerca de Jesús. Nos toca ser quienes anuncian el Evangelio y lo reflejan. ¿Vives la vida de tal manera que otros serán impactados para creer?

Señor, que mi vida impacte a otros para que tengan fe.

Solo el Espíritu Santo produce fe.

115

El gran círculo

...proveyendo Dios alguna cosa mejor para nosotros, para que no fuesen ellos perfeccionados aparte de nosotros.
Hebreos 11:40

«No podemos empezar hasta que llegues», me dijeron mis amigos. No estaban completos sin mí y lo mismo pasa en el cielo. Me imagino que los héroes de la fe, de toda la historia, se encuentran en una serena y perfecta pausa mientras llega uno más.

Aunque es una linda imagen también es una muy solemne. Quizá entre esos santos se encuentra el teólogo con el que no concordamos o el músico que usa un ritmo que desaprobamos, o el hermano que tiene prácticas diferentes a las nuestras. Pero un día, en el gran círculo de alabanza, sostendremos la mano de uno que tal vez no considerábamos digno de perdón.

Que Dios nos ayude a recordar que a Él le corresponde perfeccionarnos. Así que, lejos esté de nosotros entorpecer lo que sucederá allá, y recordemos que nos une el Verbo de Dios. Tenemos una sola comisión: anunciar el Evangelio. Y hay solo un medio de salvación: la fe en Cristo.

Señor, elevo mis manos pues anhelo ese día en que estrecharé Tus manos y las de mis hermanos.

La fe espera a que todos lleguen.

116

¿Rechazados?

… a la congregación de los primogénitos que están inscritos en los cielos, a Dios el Juez de todos, a los espíritus de los justos hechos perfectos.

Hebreos 12:23

La falta de una enzima que ayuda en la oxigenación de la sangre produce una enfermedad llamada cianosis y provoca una coloración azul en la piel. La familia Fugate tenía esta condición y decidieron vivir alejados pues se les consideraba anormales. Un médico supo tratar su condición y pudieron reintegrarse a la sociedad.

La manifestación de nuestra fe es, para el mundo, una cosa anormal. Pareciera que nuestro color de piel les incomoda. Sin embargo, nuestra identidad es segura: nuestros nombres están escritos en el cielo. Hemos podido acceder a Dios. Hemos llegado a Jesús. ¿No es maravilloso?

Si por compartir tu fe te sientes rechazado o ultrajado, anímate, no eres el único. Somos numerosos los rechazados. Afortunadamente estamos en la congregación correcta y adorando al que un día pondrá todas las cosas en orden.

Gracias por aceptarme en la congregación de los primogénitos, Señor.

Nuestra fe nos hace inaceptables al mundo.

LA MOCHILA

Por tanto... despojémonos de todo peso y del pecado que nos asedia, y corramos con paciencia la carrera que tenemos por delante.
HEBREOS 12:1

Para correr un maratón se recomienda priorizar el descanso, optimizar la nutrición, encontrar compañeros en la carrera para mantenerse motivados, conseguir buenos zapatos deportivos, disfrutar la carrera y crear un plan, entre otras cosas. Sin embargo, pocos aconsejan cargar una mochila. Asumimos que nadie en sus cinco sentidos lo haría.

Entonces, ¿por qué no hacemos lo mismo en la carrera de la fe? Quizá somos suficientemente sabios para tomar descansos al orar y nutrirnos de la Biblia. Tal vez tenemos amigos espirituales, los zapatos bien lustrados para asistir a la iglesia y probablemente contamos con un plan. ¿Por qué entonces hacemos algo tan erróneo como traer a cuestas una mochila?

Cargamos el peso de los bienes materiales y nuestro *yo*. Transportamos el pecado presente y la culpa pasada. Escuchemos el consejo: quitémonos todo peso y perseveremos.

Señor, dejo de lado los estorbos y el pecado.

La fe es una carrera que exige ir ligero y crear resistencia.

118

¡A CORRER!

¿No sabéis que los que corren en el estadio, todos a la verdad corren, pero uno solo se lleva el premio? Corred de tal manera que lo obtengáis.

1 Corintios 9:24

Ha ganado cinco veces un ultra maratón de 100 km sin usar zapatos deportivos, solo sus huaraches. Rechazó en una ocasión unos tenis Nike diciendo: *La gente que sí los usa, siempre va detrás de mí.* Para correr, no lleva uniforme deportivo sino su vestimenta tradicional. Su nombre es María Lorena Ramírez, indígena rarámuri del estado de Chihuahua en México, que corre para llevarse el premio.

Para obtener el triunfo se necesita mucha disciplina y determinación. El entrenamiento intensivo, buena alimentación y dormir suficiente son parte de la disciplina. El apóstol Pablo compara nuestra fe con la determinación de un atleta.

Estar en comunión con Dios, apegarnos a su Palabra y descansar en Él, son la llave del éxito para vencer las asechanzas del maligno, las tentaciones que el mundo ofrece y nuestra carne que quiere ser satisfecha. ¿Tienes estas disciplinas en tu vida? Entonces tu triunfo está asegurado.

Señor, ayúdame a ser disciplinado para ganar el premio.

La fe es disciplina.

119

Los errores al correr

Así que, de esta manera corro, no como a la ventura...
1 Corintios 9:26

Los expertos nos dicen que algunos errores que se cometen en los maratones van desde empezar con mucha rapidez hasta la falta de hidratación. Además, señalan que la rigidez excesiva o llevar un mal paso afectan el rendimiento.

Pablo también nos recuerda que en la carrera de la fe podemos errar. Algunos corremos sin tener una meta. Cuando perdemos de vista a Jesús, damos vueltas sin sentido y desperdiciamos el tiempo, nuestras energías y nuestros talentos. Pongamos los ojos en Jesús, la meta de nuestra fe. Otro error es correr con incertidumbre, dudando si llegaremos a algún lado y preocupándonos del resultado. Debemos dejar todo en manos de Dios y confiar en el galardón.

Quizá corremos como si algunos pasos no importaran, pero en una carrera cada paso cuenta y tiene un propósito. Finalmente, algunos corren con el constante peligro de ser descalificados por no disciplinarse. Pablo nos enseñó a controlar el cuerpo como un atleta y entrenar para hacer lo que debemos hacer. Vivamos cada día con fidelidad y oración. ¿Corremos?

Señor, dame disciplina y perseverancia para esta carrera.

La fe corre con propósito.

120

DOS GRUPOS

Puestos los ojos en Jesús, el autor y consumador de la fe.
HEBREOS 12:2

Gordon W. Allport explica que hay dos tipos de personas religiosas. Las primeras tienen expresiones de fe para obtener cierto estatus social o agradar a otros. Las segundas internalizan sus creencias y la fe se vuelve el motor de sus vidas. En todo este libro hemos hablado de los que componemos el segundo grupo.

Jesús es el autor, el fundador, el origen de esta fe. El Señor Jesús nos vio perdidos y quiso salvarnos dando su vida en la cruz sabiendo que el gozo vendría después. Solo Él podía darnos vida. Nuestra fe no es un conjunto de reglas, sino la convicción y confianza que ponemos en la obra de Jesús.

¿Crees que no tienes fe? Pídesela al Señor. Cuando los discípulos le pidieron al Señor que aumentara su fe, Él les recordó la semilla de mostaza que crece hasta ser un enorme árbol. En este libro hemos aprendido de los héroes que dieron un paso a la vez en su andar por Dios, así que no te desanimes. Solo pon tus ojos en Jesús y da el siguiente paso.

Señor, ¡auméntanos la fe!

Jesús es el autor de la fe.